JN297760

図解でわかる!

The 4 Disciplines of Execution

戦略実行 読本

「実行の4つの規律」実践ワークブック

クリス・マチェズニー
ショーン・コヴィー
ジム・ヒューリング 著

フランクリン・コヴィー・ジャパン 編

キングベアー出版

はじめに

現在のビジネス・パーソンは、毎日**「竜巻」**の中で必死に仕事をこなし続けています。「竜巻」と言っても、自然現象の竜巻ではありません。ビジネスの現場で飛び交う重要で緊急な指示や依頼、決断、対処、これらはまさに竜巻のように吹き荒れています。

ルーティンワークは日を追うごとに増え、加えて、緊急な対応も迫られます。まるで業務は竜巻のようです。現場で活動するビジネス・パーソンだけではなく、多くのリーダーの立場にある人さえ、竜巻に巻き上げられないように、いまやっている業務にしがみつくのが精一杯という状態です。

リーダーの本来の仕事は、組織・チームにとって本当に重要な戦略をプランニングし、実行していくことにあります。そのための業務プロセスの改革や改善も不可欠です。しかし、リーダー自身が竜巻の中で日々闘っており、こうした本来の業務がどこかに追いやられてしまっています。

さらに、多くのリーダーは竜巻と戦略目標を区別していないので、ますます厄介です。組織の存続にとって、日常業務の竜巻と戦略目標のいずれも不可欠ですが、竜巻に翻弄されていると、本来実行すべき重要な戦略目標を実行する時間がなくなってしまうことも事実です。

戦略目標は「重要」の領域ですが、竜巻は「緊急」の領域です。緊急な仕事と重要な仕事がバッティングすれば、ほとんどの場合緊急な仕事が優先されます。緊急な仕事は降りかかる火の粉であり、払わなければ火傷してしまうからです。いわんや竜巻と戦略目標の区別がなければ、毎日の業務は一〇〇%竜巻の対応に占領されてしまいます。

そこで問題は、緊急という竜巻の中で最も重要な戦略目標をどう実行するかになります。組織のチームメンバーにとって、竜巻が吹き荒れる中で、戦略目標に取り組む時間をつくり出すためには、メンバーがその気になるかどうかにかかっています。頭の中が竜巻に占領されているメンバーを、竜巻からどのように救い出したらいいのでしょうか?

戦略目標を立ててもなかなか実行できないという声をよく耳にします。その原因は、前述したように現場が竜巻に巻き込まれていることが多いからに他なりません。私は、今まで企業に4Dx（実行の4つの規律）の導入をお手伝いしてきた経験から、「竜巻をなくすことはできません、しかし、二〇%の時間を戦略目標にフォーカスすることで、テコの原理によって大きな成果へとつながります。現実的なアプローチが必要なのです」とお話ししています。

ビジネスリソースと時間は限られていますから、リーダーはメンバー一人ひとりのやる気を引き出して、戦略目標を実行するモチベーションを高めないと、二〇%の時間を確保することはできません。そのためには、今までのような単なる目標管理ではなく、インサイド・アウト（自分自身から変わる）のアプローチで、メンバー自らが戦略を実行することできるパラダイム・

シフトが求められます。

しかし、メンバーからすれば戦略目標といっても、所詮与えられたものであり、毎日の行動に紐付いていないことがほとんどです。ですから、目標達成のための行動計画はつくるものの、現実を踏まえていないことが多く、毎日の竜巻に追われてしまい、結局行動計画は絵に描いた餅となってしまいます。

それを変えるための方法が、本書でご紹介する**4つの規律**です。メンバー自らが4つの規律を実践すれば、竜巻から二〇%の時間を確保して戦略目標達成に向けた業務に取り組めるようになります。詳細は本書をご覧いただくことにして、ここではそのポイントをご紹介しましょう。

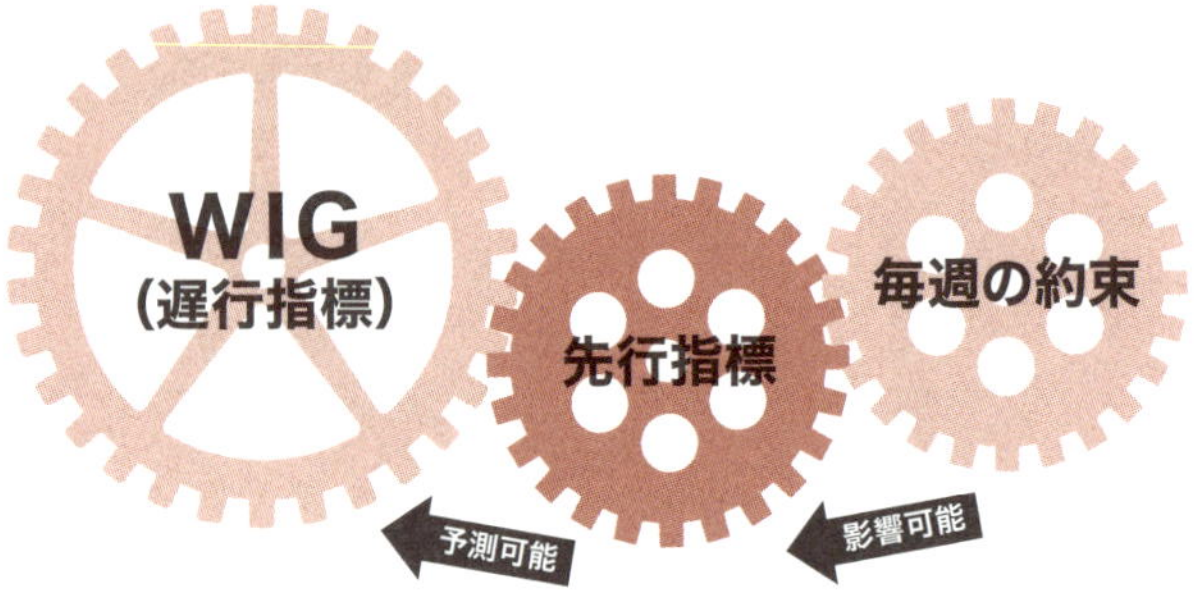
WIG
（遅行指標）
先行指標
毎週の約束
予測可能
影響可能
第1の規律
第2の規律
第4の規律

第1の規律　最重要目標にフォーカスする

第1の規律のポイントは、メンバー自らが最重要目標にフォーカスすることです。そのために、最重要目標にフォーカスする際、リーダーは拒否権を持ちますが決して命令してはいけません。命令だと、メンバーは表面上受け入れたように見えても、本人が納得していなければ竜巻が勝ち重要な戦略を実行する行動に結びつくことはないからです。

リーダーはミーティングの場で「メンバー自らが最重要目標にフォーカスする」ことを説明し、「目標に対して意見や異論があればミーティングの場で発言する」ことを徹底します。その代わり、目標が適正か、現実的な目標か、メジャーメントが高いか低いか、合理的かを考えて納得するまで議論します。目標が適正で現実的になればメンバーは納得し、ミーティング後に陰で意見や異論を言えなくなります。

第2の規律　先行指標に基づいて行動する

目標には遅行指標と先行指標があります。遅行指標は、あなたが達成しようとする結果の測定基準であり、そのデータを手にするときには、結果はすでに出てしまっているので遅行指標と呼びます。一方、先行指標は結果を予測するものであり、遅行指標を動かすテコの作用の高い活動です。

たとえば、レストランの場合の遅効指標は「年末までに一人平均支払額を一〇％増にする」であり、先行指標は「全テーブルの九〇％に本日のカクテルを勧める」という具合です。どちらが具体的で行動をイメージしやすいか一目瞭然でしょう。メンバー自身が先行指標を決め、それに基づいて行動することです。

その際のポイントは、竜巻に追われて先行指標を引き出しに入れないことです。一度引き出しに入れてしまうと眠ったままになってしまい、今日のように変化の激しいビジネス環境の中では先行指標も数ヵ月で変わってしまい、せっかくの先行指標も有効性は失われてしまいます。ですから、先行指標を二〜三つに絞り込み、自分自身の問題として確実に実行できるようにしなければなりません。

第3の規律　行動を促すスコアボードをつける

野球やサッカーなどのスポーツでは、スコアボードが選手のやる気を引き出します。勝っているのか負けているのかがわかってはじめて本気になるからです。意欲を引き出す鍵は、大きくて見やすく、継続的に更新できるスコアボードです。スコアボードが一人ひとりの選手に行動を促します。

ビジネスの戦略目標を実行する場合も、スコアボードが大切です。第3の規律では、チームの先行指標と遅行指標をスコアボードに示します。それによって、遅行指標（最終目標）と先行指標を実行した結果の差がはっきり理解できます。チームの全員がスコアをわかっているとプレーのレベルが上がるのは、自分たちが出している結果と調整を必要とする部分が見えるからだけではありません。勝ちたいという気持ちが強くなるからです。

スコアボードにはやらざるを得ないという強制力がありますが、そのポイントは、リーダーではなくメンバー自身がスコアボードをつけることです。それによって、自分たちのパフォーマンスと目標到達の関係がはっきり見えるので、行動のレベルが変化します。

第4の規律　アカウンタビリティのリズムを生み出す

通常、チームに課されるアカウンタビリティ（報告責任）は常にトップダウンです。上司と定期的に面談し、どのように仕事を進めるか、次に何にフォーカスすればよいか上司から指示されます。

一方、4DXで言うアカウンタビリティはチーム全体が共有します。一人ひとりが約束をし、リーダーに説明する責任を負います。しかしそれよりも重要なのは、メンバーがお互いに報告し合い、結果をフォローアップすることです。

定期的に実績を報告し、スコアを動かす計画を立てる循環的なプロセスを定着させることで、チームはベストを尽くすことができるようになります。アカウンタビリティがなければ、すぐに竜巻にあおられ、緊急の対応に追われるいつものペースに逆戻りしてしまうでしょう。

アカウンタビリティを定期的に実行することで、周りで何が起ころうとも、目標を確実に達成できるようになるのです。チームのメンバーはお互いに定期的に、かつ頻繁に報告し合うことで、長期間にわたってメンバーは結果を出すことに努力し、勝つための試合を続けていくことができるようになります。

つまり、戦略が問題なのではなく、問題は実行なのです。いかに優れた戦略でも、実行しなければまったく意味はありません。4つの規律を実践することで、チームメンバー一人ひとりが実行力を高めることができるのです。

4Dxは実行のパラダイム・シフトであり、チームメンバーが自分の仕事に意欲を持って取り組めるようになる原則に基づくシステムです。4つの規律を習慣化して、最重要の戦略目標を達成して成果を上げられることを願ってやみません。

二〇一四年五月吉日

フランクリン・コヴィー・ジャパン副社長
竹村富士徳

図解でわかる！
戦略実行読本
「実行の4つの規律」実践ワークブック

プロローグ

第1の規律

第2の規律

第3の規律

第4の規律

エピローグ

プロローグ

なぜチームの目標を達成できないのか？

小さな子どもにサッカーを教えるのは難しい。
しょう君は、ボールが来たらドリブルであっちへ行こうね。
その間にみうちゃんとれん君がゴール前まで走るんだ。
いいかい？
はーい！
子どもたちにルールと自分の役割を理解させ……
ピーッ
みんな、もっと開いて！
戦略どおりに動くように指示を出し……
ボールばかり追いかけてちゃだめだ！

さっき話したことを思い出すんだ！
みんな、そっちじゃないよ！
けんちゃん、ほら立って。
ボールを追いかけて。
彼らの集中力とやる気を保たなければ
みうちゃん、よそみはダメだよ！
ああ、二人ともけんかしないで…！
わあ～ん！
点はとれないし、勝てないのだから。

この子どもたちのサッカーと、あなたの職場に共通点はありませんか？
子どもたちは、コーチと共通認識ができておらず、好きなように走り回っていました。
それではゴールは奪えませんね。

あなたのチームでは、最優先で達成しなければならないことがメンバーたちにきちんと理解されていますか？
そして、具体的な行動に落とし込まれていますか？
立派な戦略や目標を立てても、それが実行されるとは限りません。

組織の現状をサッカーチームに置き換えてみます。

チームの最重要事項がゴールを奪うことだとわかっている選手は、一人か二人。
残りの八〜九人は、試合中ずっと好き勝手に行動します。

試合に勝ちたいと思っている選手は、チームに二人。
残りの八人は、目標を自分のものとして捉えていません。
ゴールを奪うために、自分が何をすればいいのかわかっている選手は、チームに五人だけ。
残りの五人は、ボールが来るのを待っているだけ。

このようなチームが、試合に勝てると思いますか？

あなたのチームがこのような状態なら、結果を出せるはずもありません。

しかし、チーム全員が一点の曇りもなく明確に目標を共有することは可能です。

これは夢や理想の話ではありません。あなたも手にすることができるものなのです。

チームの全員が最大限に能力を発揮し、決意し、協力し合い、目標達成のために、業務時間のほとんどを使っているところを想像してみてください。

そんな実行力から生まれる経済効果は計り知れません。

戦略か、実行か？

こんにちは。クリス・マチェズニーです。

私は、フランクリン・コヴィーのコンサルタントで、これまで一五〇〇社を超える組織と、「実行」について取り組んできましたが、ついに、どのような組織、業種であっても応用できる原則を見出すことができました。それが、これからご紹介する「実行の４つの規律」です。

二〇一三年に出版した『戦略を実行できる組織、できない組織。』を、より具体的に実践しやすくなるように、図解と演習を交えながら、入門編としてまとめなおしました。

ぜひ、楽しみながら取り組んでみてください。

著者：クリス・マチェズニー

結果を出すためにリーダーが影響を与えられるものは、基本的に二つしかありません。それは、戦略を立てること、そして、立てた戦略を実行することの二つです。


「戦略を立てること、立てた戦略を実行すること」

この二つのうち、リーダーが苦労するのはどちらでしょうか？

この質問を世界各地のリーダーに出すたび、同じ答えが返ってきます。


「実行！」

世界中のあらゆる業界、教育機関、政府機関の何千人ものリーダー、チームと接してきてわかったことがあります。何をするかが決まったら、そのあとの最大の問題は、最大限のレベルでそれを現場で実行させるにはどうすればいいのか、ということです。

業績は下がってきて、顧客満足度は低く、メンバーの士気は上がらない状況で、あなたがリーダーになったとしたら、どうするでしょうか？
すぐに戦略を実行して結果を出そうとするでしょう。

あなたが率いているのが少人数の作業チームであれ、工場であれ、大企業であれ、人の行動が変わらなければ結果は望めないからです。

しかし、戦略を実行し、成功するためには決めたことをメンバーが理解するだけでは、足りません。彼らのコミットメントも必要です。

日々の業務を忙しくこなしながら行動を変えるための強い意志を従業員から引き出すことがいかに難しいか、リーダーであるあなたは痛いほどわかるはずです。

Practice

あなたの組織において、現実的な問題として現れているのは、どのようなことですか？　問題と思われることをすべて書き出してみてください。
また、その問題は、戦略上の問題ですか？　実行の問題ですか？　どちらかに〇をつけてください。

あなたの組織における問題	戦略上の問題	実行の問題

なぜ実行できないのか？

「戦略は立てたのに、実行できない」これが多くの組織が抱える問題のようです。

さきほどのワークを通じ、実行面の問題が意外なほど多いことに気がついたかもしれません。
「戦略は立てたのに、実行できない」
これが多くの組織が抱える問題のようです。

では、なぜ多くの組織が実行できないのでしょうか。

フランクリン・コヴィー社の「実行の4つの規律」セミナーでは、受講者の方に、自分自身の組織において、実行の障害となるものをリストアップしてもらいます。

そこでよく挙げられる障害を下段に紹介しましょう。

- 目標を立てる人と実行する人が違い、目標に対する意識や責任感のレベルに個人差が大きい。
- 上司が立てた目標だから達成意欲がわかない、重要性が理解できていない、納得できていない。
- 目標が高すぎて諦めてしまう。達成できなくて当たり前の風潮がある。
- 上司やリーダーの指導不足、目標に対する評価基準が不明確。
- 目標と関係ない業務、目先の成果に追われて、目標を見失う。
- 時間や人手が足りないし、他のメンバーやチームからの協力も得られない。
- 目標が漠然としていたり、役割分担や、計画が曖昧だったりして、何をしたらいいのかわからないし、誰かがやってくれるだろうという期待が生まれる。
- 途中で状況や目標が変わる。その変化に対応できない。
- 実行する人のスキル不足。

Practice

右のリストを見て、あなたの組織に当てはまることはありますか？
あなたの組織で実行の障害になっていることをリストアップしてみましょう。

問題は人ではない

問題は人ではありません。大多数の人間がいつも決まった行動をとっているなら、問題は人ではなくシステムにあるのです。

実行できず、成果の上がらない組織では、多くの場合、リーダーはこう考えています。

「私がやってほしいことをやろうとしない部下が問題なんです」

しかし問題は人ではありません。

品質管理の父といわれるW・エドワーズ・デミングは、「大多数の人間がいつも決まった行動をとっているなら、問題は人ではなくシステムにある」と言っています。

リーダーは人を動かすシステムにも責任を持っています。もし、あなたが部下だけを責めているなら、考え直してみるべきではないでしょうか。

私たちは、実行に関する大規模な調査を行いました。その調査で組織の実行を邪魔している問題を三つ突き止めたので、紹介しましょう。

① 目標の曖昧さ

回答者の七人に一人が、組織の最重要目標を一つも挙げられませんでした。

組織のリーダーが掲げている目標の上位三つの一つだけでも間違いなく言えたのは一五％足らず。残る八五％は、「たしかこうだった」と推測で答えていましたが、リーダーの言葉とは大きくかけ離れていました。

② 目標に対するコミットメントの欠如

目標を知っていると答えた人のうち、チームの目標に一生懸命取り組んでいると答えたのは五一％、残る半数はやっているふりだけでした。

③ アカウンタビリティ（報告責任）の欠如

回答者の八一％は、組織の目標の進捗を定期的に報告し

組織の実行を邪魔している問題

① 目標の曖昧さ
② 目標に対するコミットメントの欠如
③ アカウンタビリティ（報告責任）の欠如

ていません。

目標が具体的な活動に落とし込まれておらず、目標達成のために何をしたらいいかわからないと答えたのは、実に三七％にのぼります。

どの組織でも、実行すべき目標をわかっていない人、目標の達成に意欲的でない人は想像以上に多いのです。

組織図の頂点からスタッフへ下がっていくほど、それは顕著になります。

これでは組織の実行力を期待するほうが無理ではないでしょうか。

私がやってほしいことをやろうとしない部下が問題なんです

本当の問題

戦略目標がどれだけ重要だとわかっていても、常に竜巻のような日常業務が襲ってきます。そして、せっかく戦略を策定したのにも関わらず、いつの間にか消えてしまいます。

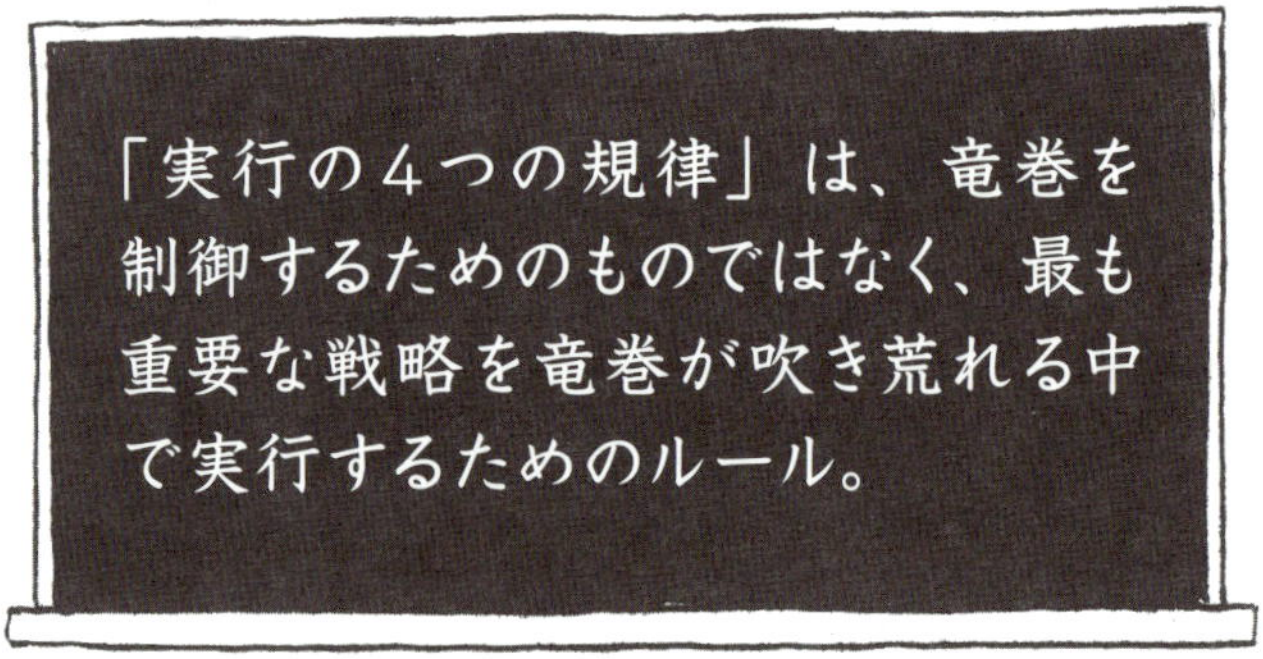
「実行の4つの規律」は、竜巻を制御するためのものではなく、最も重要な戦略を竜巻が吹き荒れる中で実行するためのルール。

実行を邪魔する本当の敵は、日常業務です。これを「竜巻」と呼ぶことにします。

チームを前進させるための焦点から目が離れてしまうは、この竜巻が大きな原因です。竜巻は急を要する仕事で、あなたにも、あなたのチームのメンバーにも、四六時中のしかかっています。

竜巻と戦う、つまり日常業務を遂行するだけでも、とてつもないエネルギーが要ります。どれほど素晴らしく、画期的で新たな戦略が生まれ、組織に必要だと認識されたとしても、「実行」の段階になると話は違ってきます。

竜巻と戦略目標はどちらも組織の存続に必要ですが、まったく別物であり、時間、資源、労力、注意を奪い合う敵対関係にあります。

幸先よく始まった重要な戦略がいつの間にか消えていた、という経験はありませんか？　どのような組織においても竜巻は存在します。せっかく戦略を策定したにもかかわらず、いつのまにか竜巻に追いやられ、消えてしまいます。

竜巻は決して悪者ではなく、組織を生かすものであり、無視するわけにはいきません。竜巻をないがしろにしたら、あなたは今日にも死んでしまうかもしれません。

しかし重要な目標を無視したら、今度はあなたの明日はありません。問題は、緊急の仕事という竜巻の中で最も重要な目標をどう実行するか、ということです。

そのためには、目標とは違う方向に引っ張ろうとする竜巻の強い力と、「ここのやり方はこうなのだ」という慣性の力の二つを乗り越える必要があります。

多くの企業が戦いに敗れ去ってきたほど竜巻は極めて手ごわい敵です。「実行の4つの規律」は、竜巻を制御するためのものではありません。最も重要な戦略を竜巻が吹き荒れる中で実行するためのルールだ、ということを覚えておいてください。

中間層を引き上げる

変化に対するメンバーの態度は一般的に三つ。ポイントは、モデル・メンバーを増やすこと。

変化を起こすということは、苦痛を伴いますから、誰もが喜んで協力するわけではありません。メンバーに対して、考え方や行動に変化を求めたとき、メンバーはどのような反応をするでしょうか？

変化に対するメンバーの態度は一般的に次の三つに分けられます。

変化に対する態度による分類

❶ モデル・メンバー

チーム内のトップパフォーマーであり、プロセスに積極的に取り組みます。「実行の4つの規律」を積極的に受け入れ、自分のパフォーマンスをさらに高めるために活用できるグループです。

❷ レジスト・メンバー（抵抗勢力）

このグループは「実行の4つの規律」を導入した途端に、うまくいかない理由を述べ立て、日々の竜巻の中で行うのはとても無理だと言って抵抗します。あるいは、受け入れていると見せかけながら「実行の4つの規律」のプロセスと距離をおくメンバーです。

❸ ポテンシャル・メンバー

トップパフォーマーになれる能力は持っていますが、まだそこまで到達していないメンバーです。目標にフォーカスしきれていないことや、能力を発揮するために必要な知識を身につけていないことが原因として考えられます。ほとんどの人は、モデル・メンバーとレジスト・メンバーの中間にいるこの層です。彼らのポテンシャルは高いので、うまく働きかければ、チームのパフォーマンスを上げるテコの作用を最大限発揮できる可能性を秘めています。

パフォーマンスの分布

どんなシステムでも、左の図上のように二〇％の上位（ハイパフォーマー）と約二〇％の下位（ローパフォーマー）ができ、このような隆起になります。これを正弦曲線と言います。

▶パフォーマンスの分布

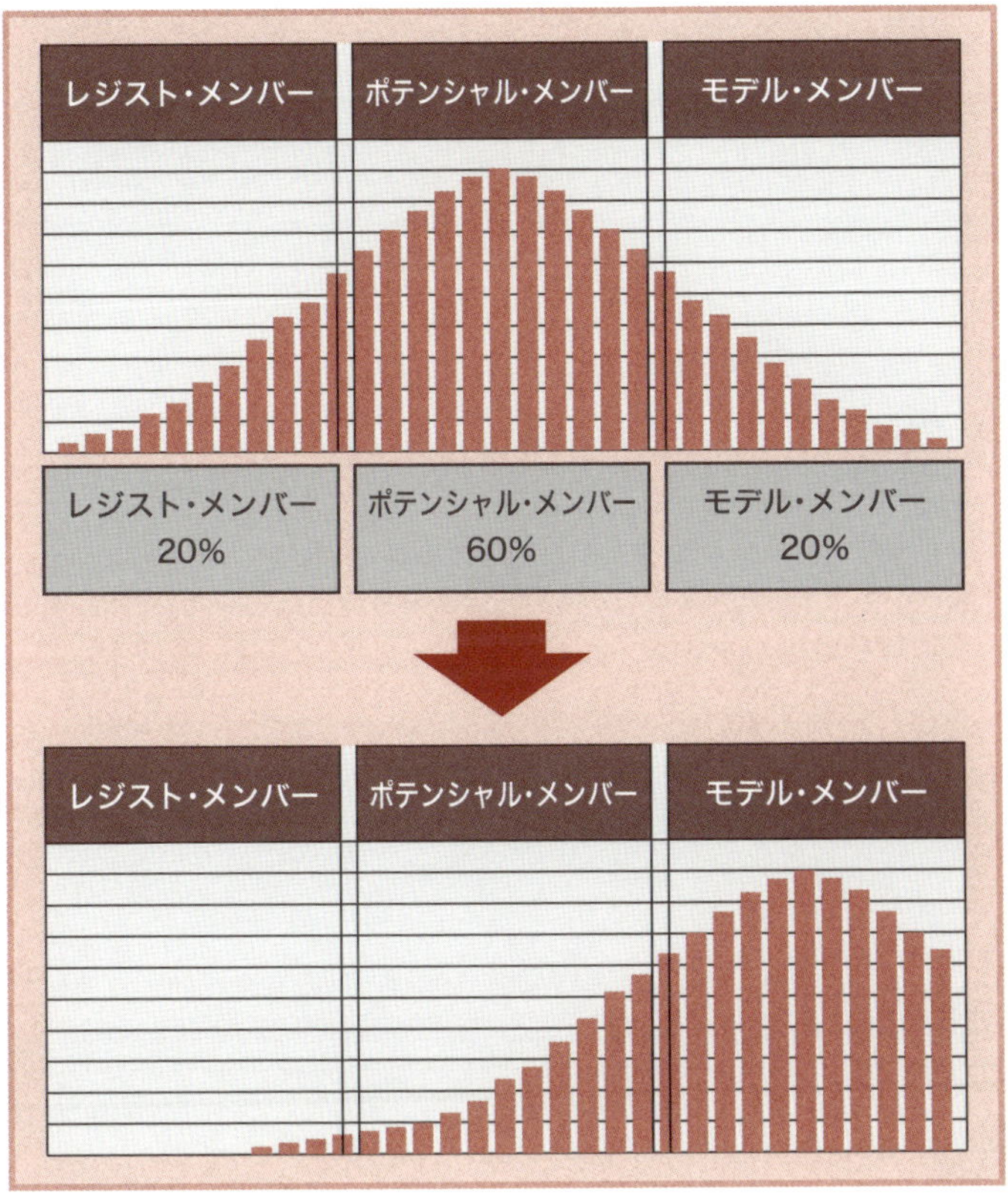

中間層のパフォーマンスを押し上げることができれば、結果に与えるインパクトは計り知れません。そのためには、中間層のメンバーがより効果的な行動を身につけるように、粘り強く動機づけをすることが必要であり、「実行の4つの規律」の目的はそこにあります。

レジスト・メンバーへの対処

レジスト・メンバーへの対処は、何よりもまず抵抗する理由を理解することです。話を聞いて理由がわかれば、解決することもあるでしょう。しかし、彼らは新しいアイデアに皮肉な目を向けたり、何をやっても無駄だと初めから諦めたりして、どんな変化にも懐疑的です。

ですから、話を聞くだけでレジスト・メンバーの態度を変えることは難しいでしょう。もし、抵抗が続くようなら、チームから外して、外部のメンバーとしてサポートさせてみてください。メンバーたちが結果を出しているのを見れば、不本意でもチームに足並みをそろえるようになるでしょう。

第1の規律

忙しいだけで、重要なことが何も達成できない！

はい、もしもし
田中さん、こないだの、ちょっと調子悪いな。
すぐに来てほしいんだけど
毎日忙しいのに、一向に成果が上がらない田中さん
はあ…
何かが間違っているのだろうか。

やることが多すぎて…。
一つのことに集中してやれば、ほかができないし…
もう自信がないよ
毎日がその繰り返しだよ
見ていて気の毒になるわ。
根本的に改めないと何も解決できないんじゃないの？
根本かあ…

おい、田中
売上、利益、回転率…
バサッ
顧客満足、バイトの稼働率…
今月も相変わらず何も達成していないじゃないか
はい、すいません…。
毎日が忙しすぎて…
…お前はやればできるんだ。
年度末までに売上を対前年度比一二%アップは、何としても達成してくれ
はい…

実行の4つの規律

「実行の4つの規律」の目的は、最大限の結果を生み出すことです。

下図は「実行の4つの規律」（4Dx※）のモデルです。矢印が右から左に向かっているのは、優れたチームは右から左へ向かって実行力を発揮するからです。先行指標に対する活動をお互いに報告する責任を果たし、最重要目標の達成に向かって前進していくことになります。

第3の規律のスコアボードが中心にあるのは、チームの全員が目標の成功基準を常に見ていなければならないからです。

第4の規律から出る円が他の三つの規律を取り囲んでいるのは、アカウンタビリティのリズムがすべてを一つにまとめるからです。これはスコアボードに示される成功基準の進捗を定期的に報告し合う習慣を象徴しています。

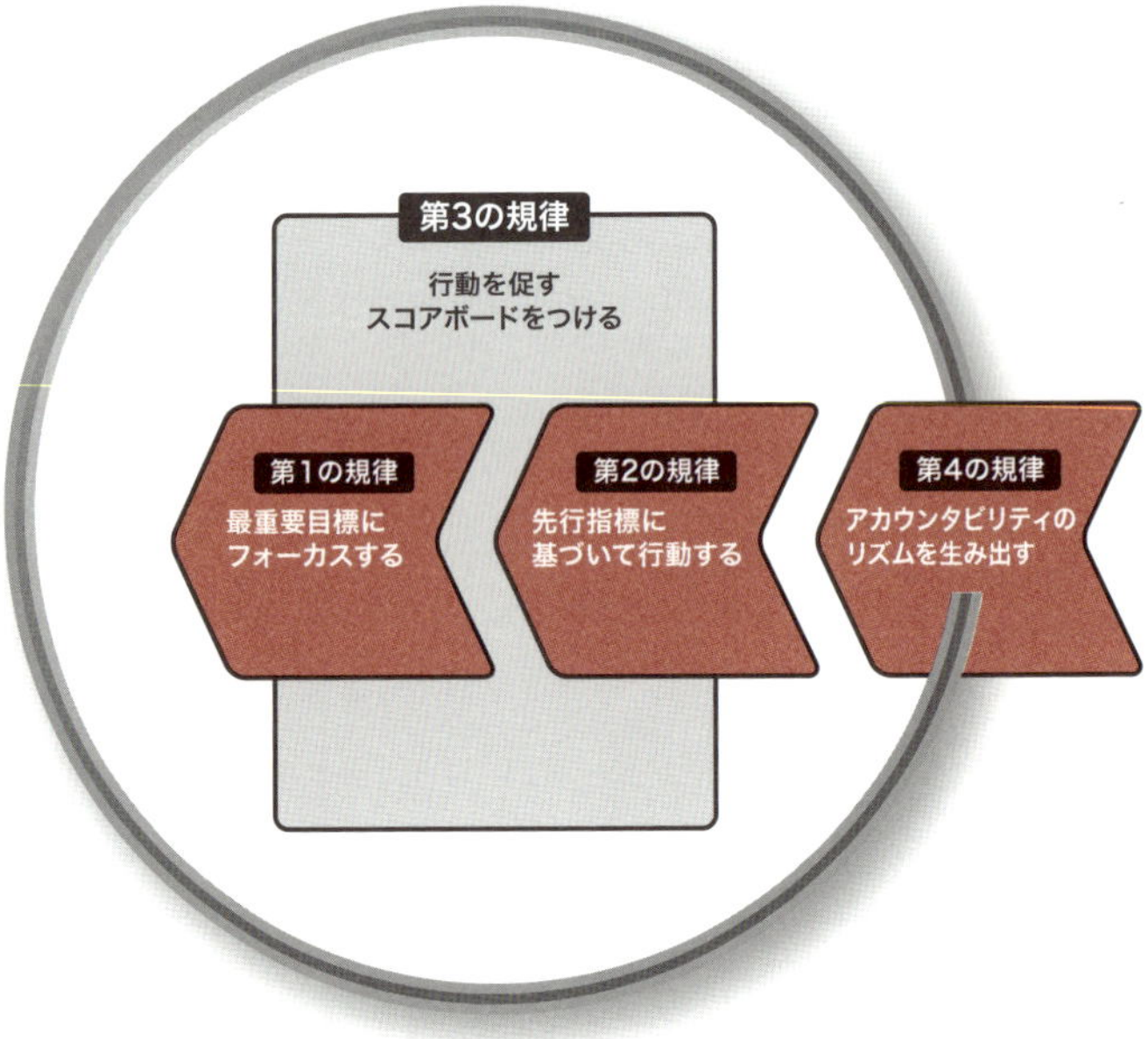

第3の規律
行動を促す
スコアボードをつける
第1の規律
最重要目標に
フォーカスする
第2の規律
先行指標に
基づいて行動する
第4の規律
アカウンタビリティの
リズムを生み出す

※ 4Dx：The 4 Disciplines of Execution（実行の４つの規律）の略

第1の規律
最重要目標にフォーカスする

実行の第一歩はフォーカスすることです。

第1の規律は、たくさんの目標を掲げてそれらに漫然と取り組むのではなく、大きな変化をもたらす一つないし二つの目標にチームの努力を集約することです。

実行の第一歩はフォーカスすることです。これがなければ、他の三つの規律は何の役にも立たないくらい重要です。

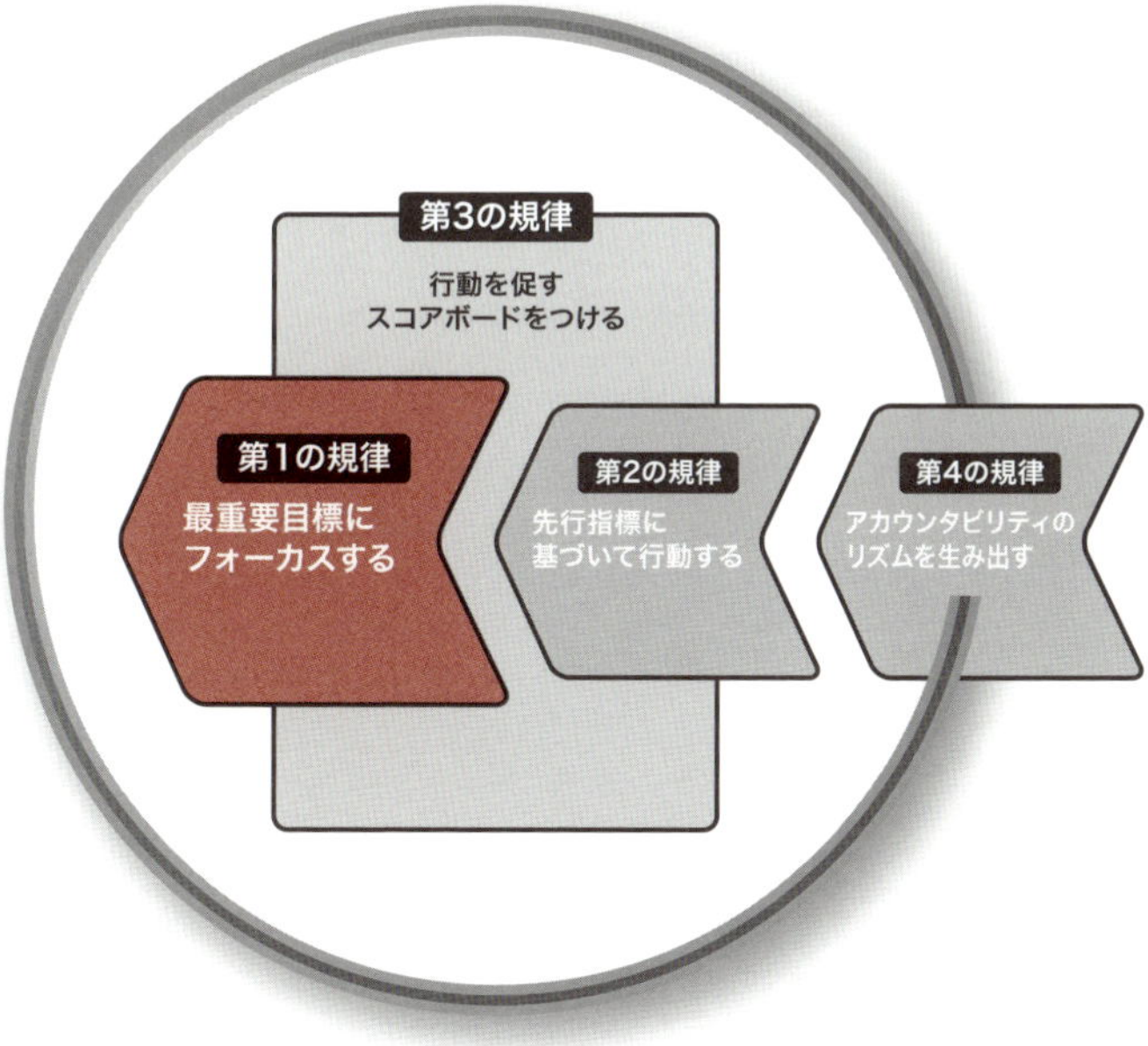

第3の規律
行動を促す
スコアボードをつける
第1の規律
最重要目標に
フォーカスする
第2の規律
先行指標に
基づいて行動する
第4の規律
アカウンタビリティの
リズムを生み出す

1 多くの目標が平凡な結果を生む

人間の遺伝子は一度に一つのことしか完璧にできません。同じように、掲げた目標が多すぎるとほとんど達成することはできません。

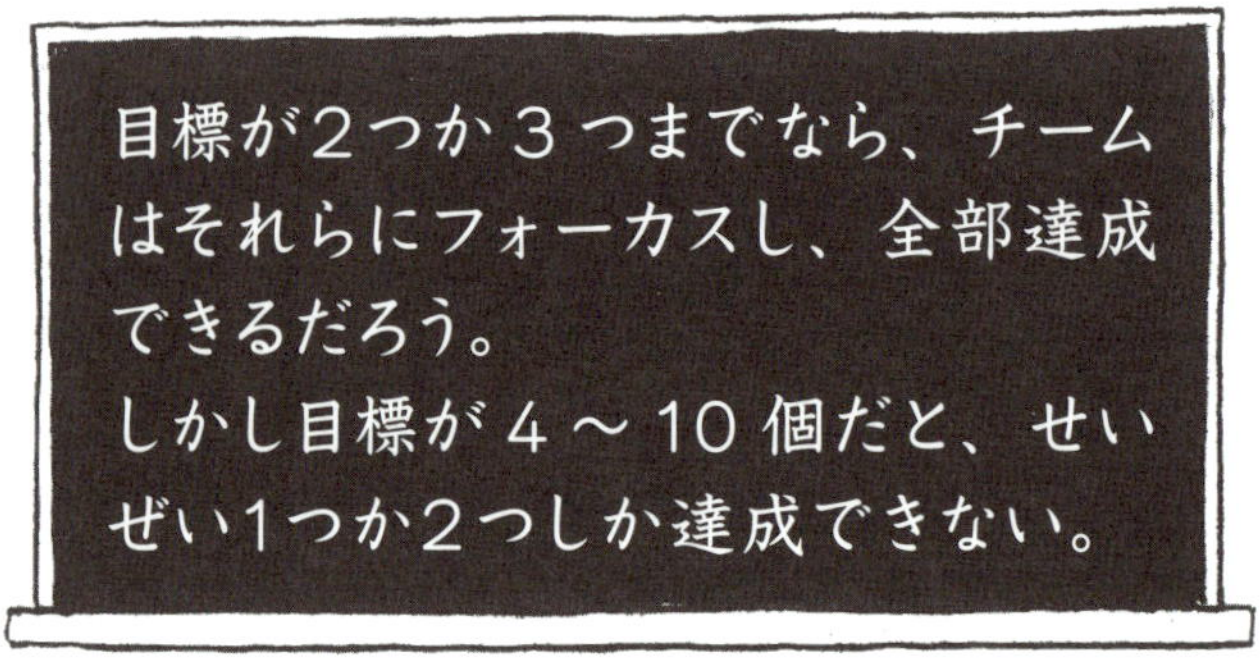
目標が２つか３つまでなら、チームはそれらにフォーカスし、全部達成できるだろう。
しかし目標が４〜10個だと、せいぜい1つか2つしか達成できない。

目標を減らさなければならない理由

最重要目標にフォーカスすることは、竜巻が要求する仕事の他に達成する目標の数を絞ることを意味します。第１の規律は、より少ない目標により多くのエネルギーを注ぐということです。

なぜ目標を減らさなければならないのでしょうか？　生産要素をどんどん投入していくと、投入一単位当たりの収穫がだんだん減っていく収穫逓減の法則は、目標の数にも言えるからです。竜巻の要求の他に目標が二つか三つまでなら、チームはそれらにフォーカスし、全部達成できるでしょう。

しかし目標が四〜一〇個だと、せいぜい一つか二つしか達成できません。日常業務の竜巻に一一個以上の目標が加わったら、焦点は消えてなくなってしまいます。そうなれば、チームのメンバーは、優先順位がわからなくなり、実行などとうてい望めません。

脳の働きの科学的分析

自分はいくつもの仕事を同時に進められる、一度にたくさんのことができる、と思っているかもしれません。でも、人間の脳が一定時間に集中できるのは一つの対象だけだということは、科学が証明しています。

マサチューセッツ工科大学の神経科学者アール・ミラーは、「二つの作業に集中しようとすると、脳の処理容量を超えてしまう……電子メールを書く、電話で話すなど同じような作業を一度にやろうとするときは、脳の同じ部分を奪い合うことになる。詰めこみすぎれば、脳もスローダウンする」と言います。

メールや会話でそうなのですから、最重要の企業目標をいくつも一度に操ることなど、無理な話です。どれが本当に重要か明らかにしないまま、多くの目標を一度に推し進めようとすると、そのどれもが平凡な結果に終わるものです。焦点の原則を無視することはできますが、それ相応の結果がついてくるということを忘れてはいけません。

▶ 従来の考え方と4Dxの原則との違い

従来の考え方	4Dx の原則
すべての目標が最優先事項である。5個、10 個あるいは 15 個の重要な目標に同時進行で取り組み、達成する。もっと必死に、もっと長く働けば、それは可能だ。	目標の多くは重要だが、最重要目標は2個か3個である。それらは何としても達成しなければならない目標だ。一度に1個か2個の最重要目標だけに最大限の努力を傾ける。

2 目標を絞れないのはなぜか？

なぜ多くの目標を抱え込んでしまうのでしょうか。

目標を絞れるタイプ度チェック

あなたの普段の考え方、状況を確認してみましょう。
左の質問を読んで、あなたに当てはまるものに✓をつけてください。

- □ 改善したいことがたくさんある
- □ ビジネスチャンスは一つも失いたくない
- □ 上司や経営層があなたの目標を増やすことがある
- □ いつも多くの仕事や複数の案件を抱えている
- □ 今の目標を達成するためには、たくさんの施策が必要だと思う
- □ 良いアイデアはどんどん取り入れたい
- □ 熱心に仕事をしていることを評価してほしい
- □ たくさんの目標があれば、どれかは達成できるだろう

要注意のタイプ

半分以上あてはまったら、あなたは野心的でクリエイティブな人物でしょう。実は、こういうタイプの方は、目標を絞り込むよりも、増やす方にどうしても傾きやすくなります。左ページのような悪魔が、そんなあなたの思い込みや不安につけこんで誘惑してくるので注意しましょう。

この二人の悪魔は、あなたが目標を絞ろうとするのを邪魔します。この誘惑にはまって多くのことを目標にしてしまうと、フォーカスがぼやけてすべてが平凡な結果に終わってしまいます。

リーダーの直観vs原則

チームメンバーの行動が変わることが成功には不可欠ですが、竜巻に立ち向かっている彼らは一度に多くの行動を変えることはできません。ですから、一つか二つの最重要目標に焦点を絞り、チームの時間とエネルギーを一貫して注ぎ込む必要があります。一度に一つか二つの最重要目標にフォーカスすることがたとえリーダーの直観に反することだとしても、絶対にそうしなければならないのです。

① 良いアイデアを無視できない罠

良いアイデアを多く取り入れれば、目標に近づけますよ。
「あのとき、あのアイデアを取り入れていれば…」と後悔するつもり？

② 竜巻の中にある測定基準をすべて改善したい罠

目標を絞り込んだら、メンバーは目標にならなかったものは手を抜きますよ。すべての基準を上げたいなら、チームメンバーに全部頑張ってもらうしかないと思うけどね。

Practice

多くの目標を設定するよりも、目標を絞って個人やチームのエネルギーと時間を集中させる必要性がわかっていながらそうできないのは、あなたのどのような考え方が邪魔しているからでしょうか？　それを克服するために、宣言として下の欄に書いてください。

私が目標を絞り込もうとするのを邪魔するのは、

という考え方です。私は、慣れ親しんできたこの考え方に決別して、実行できる組織をつくります。

3 最重要目標を見極める

本当に重要な目標を一つ（多くて二つ）を選びます。これを最重要目標（WIG）と呼びます。

たくさんの目標の弊害

その目標を達成できなかったら、他のどんな目標を達成したところで、意味がないような重要な目標を見極めることです。

もしあなたのチームが今、五個、一〇個もの重要な目標を実行しようとしているなら、チームがフォーカスできないのは当たり前です。フォーカスしないと竜巻が威力を増し、あなたの努力は雲散霧消してしまい、成功はまず不可能です。

組織のトップレベルで目標が多すぎるのはさらに問題です。組織階層を下がるにつれて目標は数十になり、ひいては数百にもなって、複雑な網の目ができてしまうだけです。

しかしチームの焦点を一つか二つに絞れば、本当の最優先事項と竜巻の見分けがつきやすくなります。

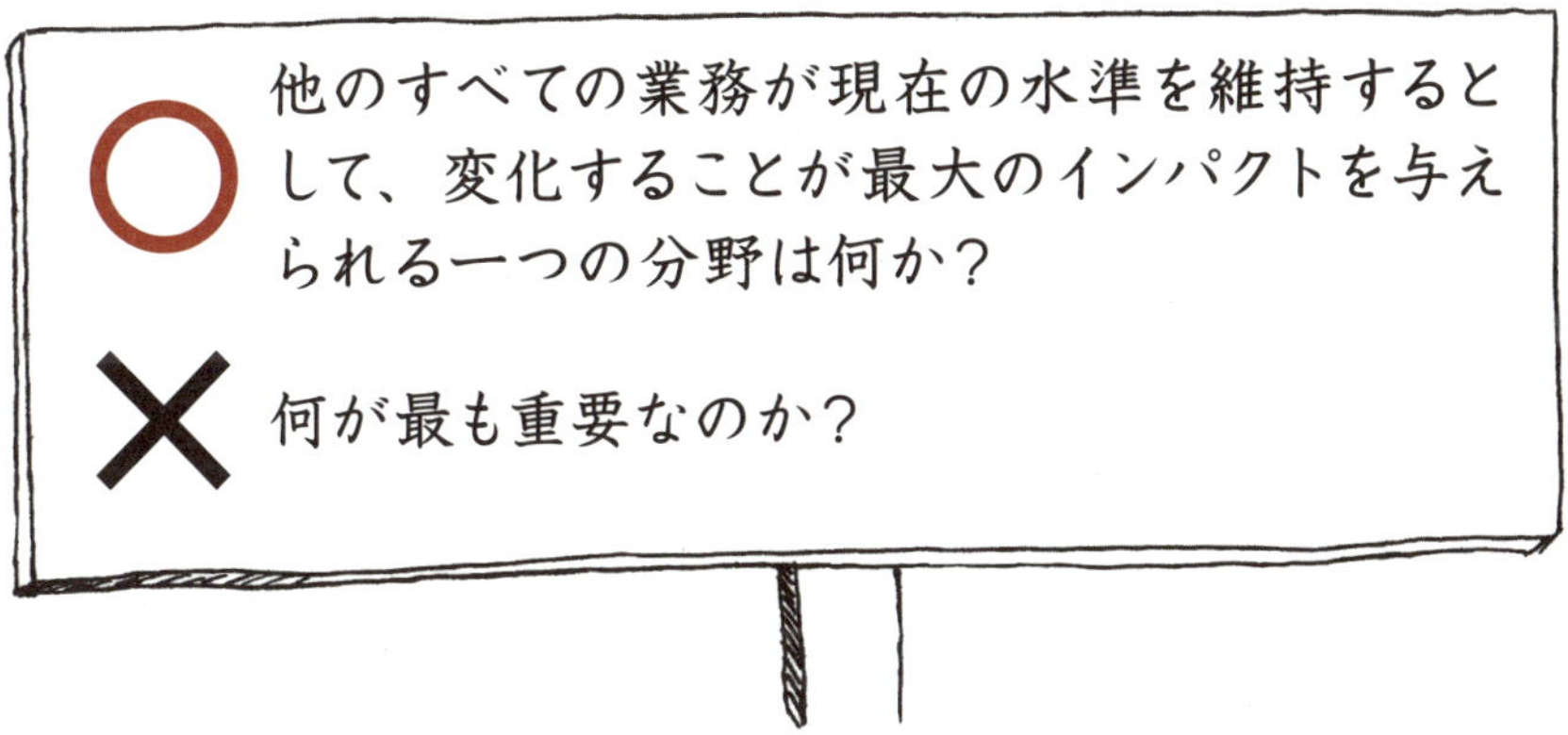
○
他のすべての業務が現在の水準を維持するとして、変化することが最大のインパクトを与えられる一つの分野は何か？
×
何が最も重要なのか？

ＷＩＧを見極めるための質問

最重要目標（ＷＩＧ）は、すべてを一変させることができる目標です。すぐにＷＩＧとわかる目標もありますが、ＷＩＧかどうか紛らわしく、迷うものもあるでしょう。

そんな多くの目標の中からＷＩＧを見極めるにはどうしたらいいでしょうか。

他のすべての業務が現在の水準を維持するとして、変化することが最大のインパクトを与えられる一つの分野は何か？　と問いかけてください。

多くの人は「何が最も重要なのか？」という間違った問いかけをして、堂々巡りになってしまっています。竜巻の中にある多くの緊急事項と最重要目標が時間や労力の奪い合いをしているとき、「何が重要か？」と問われると、緊急事項のほうを選ぶことが最善だと思えてしまいます。その結果、焦点を絞るどころか、逆にすべてが大事に思えて焦点を見失うことになるのです。

ＷＩＧに使うのは労力の二〇％だけ

一つか二つの最重要目標を決めてしまったら、チームがそれ以外のことをないがしろにするのではないかと心配するかもしれません。しかし、ＷＩＧに使うのは、チームの労力の二〇％だけにして、残りの八〇％は今までどおり竜巻を維持することに使うとなったら、どうでしょうか。あなたもチームメンバーも、他の仕事が後退する不安がなくなり、ＷＩＧに向かって前進しやすくなるのではないでしょうか。

4 竜巻の中か竜巻の外か？

WIGは、竜巻の中にあるか、竜巻の外にあるかのどちらかです。

竜巻の中と外の違い

竜巻の中にあるWIGは、たとえば竜巻の被害にあって修復が必要なものかもしれません。あるいは、あなたの会社の「強み」を構成する要素の一つでありながら、まだ成果を上げていないものかもしれません。竜巻の中で十分な成果を上げている分野でも、その強みにさらにテコ入れすることで大きなインパクトになるならば、それもWIGにしてかまいません。

竜巻の外で選ぶ目標は、基本的に組織が向かう方向性を戦略的に変えるようなものになります。状況を一変させるタイプのWIGは、それまでに経験のないことであり、必要とされる行動の変化は、竜巻の中にあるWIGの場合よりも大きいと言えます。

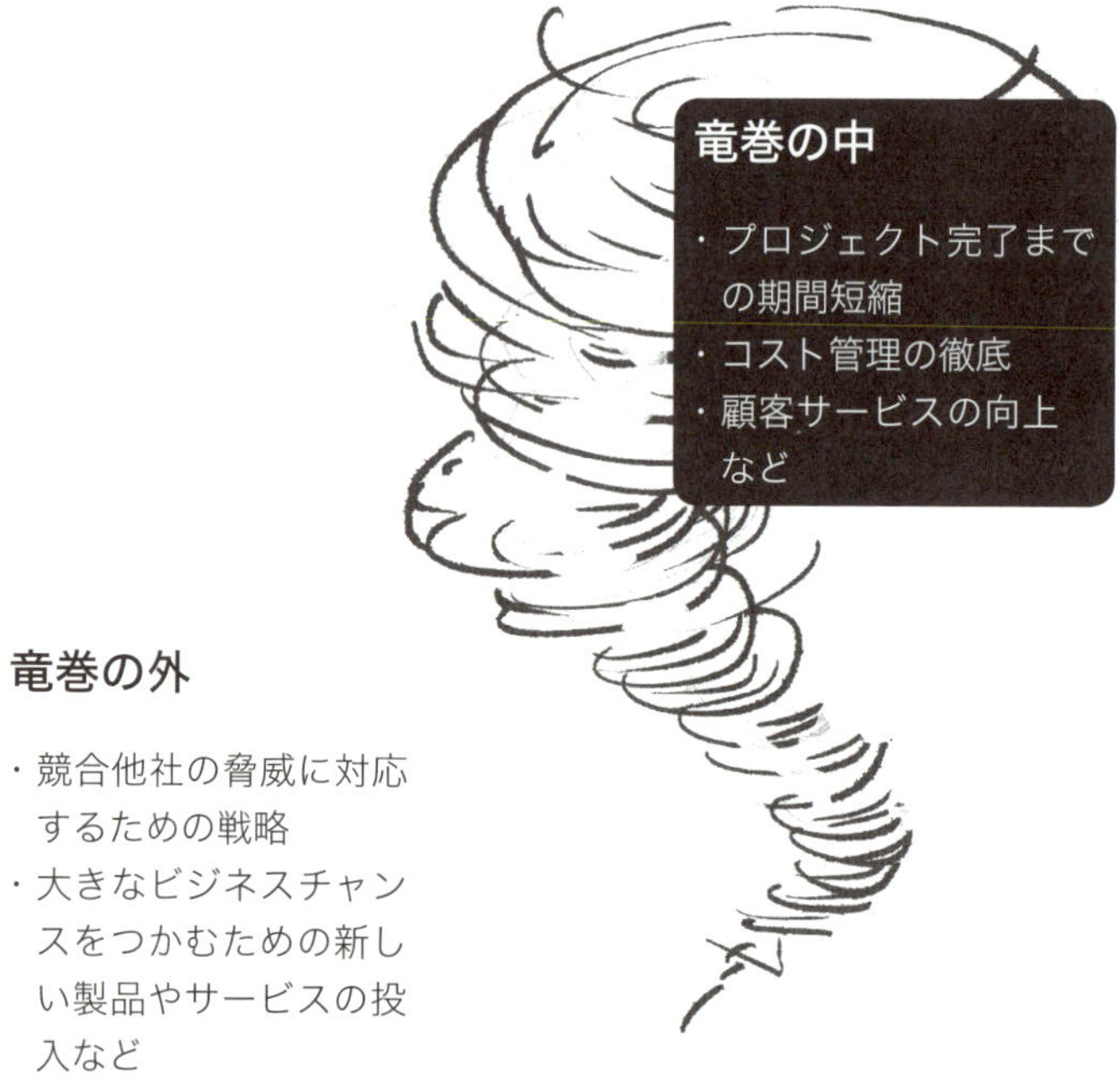
竜巻の中
・プロジェクト完了までの期間短縮
・コスト管理の徹底
・顧客サービスの向上
など
竜巻の外
・競合他社の脅威に対応するための戦略
・大きなビジネスチャンスをつかむための新しい製品やサービスの投入など

WIGの竜巻への影響

WIGが竜巻の中にあるか外にあるかにかかわらず、リーダーの仕事はその目標を達成することだけではありません。新しいレベルのパフォーマンスをチームに定着させることもリーダーの重要な仕事です。

竜巻の中にあったWIGが達成されれば、そのWIGは基本的に竜巻の中に戻ります。竜巻の外にあったWIGは、達成されたら竜巻の中の一つになってチームに定着します。

こうして竜巻は日々形や勢いが変化します。

しかしそれは決して、単に慢性的な問題が解決されてチームの行動が改善されるだけの話ではありません。

竜巻を動かす力が格段に上がり、チームの基盤が盤石になり、次のWIGを追求できるようになるのです。

Practice

ここで、他のすべての業務が現在の水準を維持するとして、変化することで最大のインパクトを与えられる一つの分野は何かを書き出してみましょう。
竜巻の中にあることと、竜巻の外にあることの二つに分けて考えてください。

竜巻の外	竜巻の中

5 四つのルール

最重要目標のフォーカスには、絶対に守らなければならない四つのルールがあります。

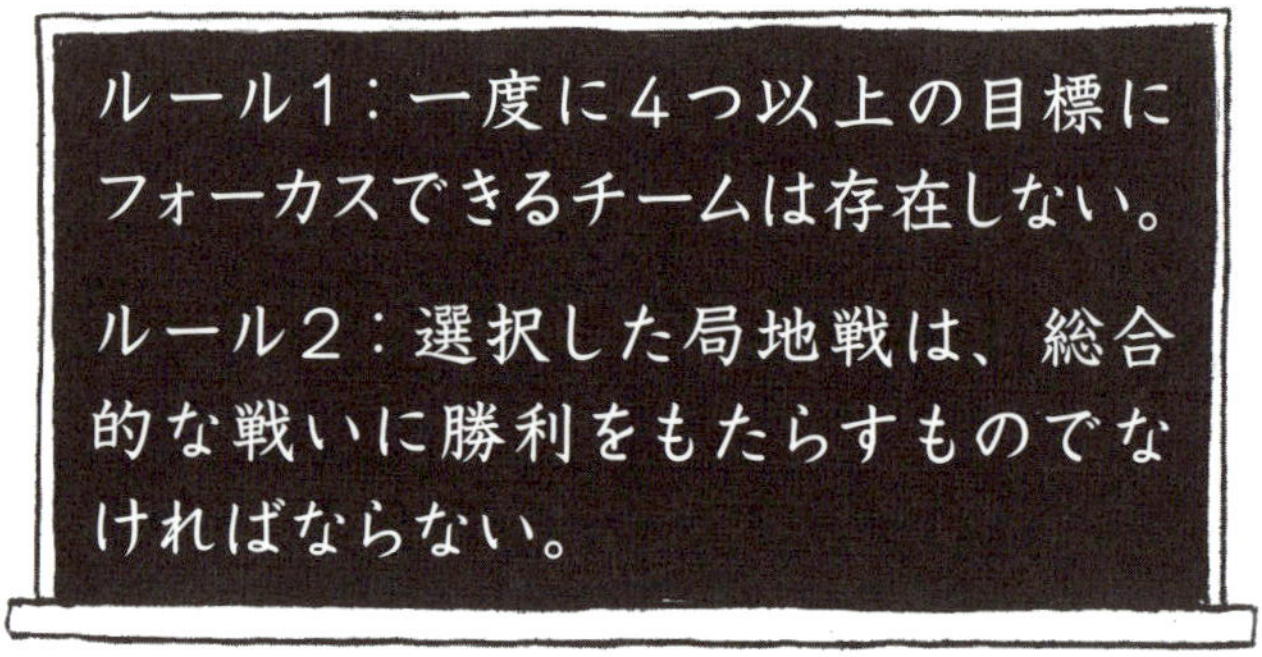
ルール1：一度に4つ以上の目標にフォーカスできるチームは存在しない。
ルール2：選択した局地戦は、総合的な戦いに勝利をもたらすものでなければならない。

ルール1 一度に四つ以上の目標にフォーカスできるチームは存在しない

これは三二ページの「多くの目標が平凡な結果を生む」で説明した通りです。何もかもが重要に見えるかもしれませんが、リーダー、チーム、メンバーは、それぞれが竜巻の絶え間ない要求を処理しているのですから、彼らに過剰な負担をかけてはいけません。

コストを大幅に削減しながら新しいビジネスモデルをつくり、新規顧客開拓に注力し、重要顧客との関係を強化するなど、どだい無理な話です。

上司が新しい目標をいくつも設定してしまう場合も、優先順位をつけて目標の数を絞りこまなければなりません。

このルールを頭に入れて、あと三つのルールを考えてください。このルール一を破ったら、組織の焦点を失うという結果は免れません。

ルール2　選択した局地戦は、総合的な戦いに勝利をもたらすものでなければならない

組織の下位で取り組むWIGの役目は、上位WIGの助けになる程度では足りません。組織の下位WIGは、上位のWIGの成功を確実にしなければならないのです。

上位WIGから下位WIGを導き出すとき、「この総合的な戦いに勝つためにできることは何か？」という問いかけをすると、長々とした「やることリスト」が出てくるだけです。これは多くのリーダーが犯す間違いです。

「この総合的な戦いに勝つために必要な、最小限の局地戦は何か？」と問うのが正解です。この質問に答えれば、上位WIGを達成するために必要な下位のWIGは何か、いくつ必要なのかが決まります。総合的な戦いに勝つための局地戦を選ぶという観点を持つと、戦略が明確化し、同時に単純化していきます。

あなたのチームの上位WIGと下位WIGを考えてみましょう。上位と下位にはきちんとした関係性があるでしょうか。もし下位WIGが上位WIGの達成に直結していなければ、WIGを選びなおす必要があるかもしれません。

上位WIGから下位WIGを導き出すときの質問

○　この総合的な戦いに勝つために必要な、最小限の局地戦は何か？

×　この総合的な戦いに勝つためにできることは何か？

ルール3 上位役職者は拒否権を使えるが、命令はできない

組織のトップだけで戦略を策定し、部下のリーダーやチームにはそれを伝達するだけという方法をとっていたら、組織の実行力はいつまでたっても育ちません。戦略の実行に必要なメンバーの強いコミットメントは、メンバー自身が参加しなければ生まれないものです。

上位役職者が最上位のWIGを決めても構いませんが、下位WIGを決めるのはそれぞれのチームです。上位役職者は、各チームが選んだWIGが上位WIGの達成に結びつかないと判断したときにだけ、拒否権を発動します。

そうすれば、メンバーが目標を自分のものとしてとらえ、積極的に関わる意識も強くなります。目標を達成できない部下がいるとしたら、その原因の一つは当事者意識の欠如かもしれません。

もし、目標の決定に本人が参加し、当事者意識が芽生えたとしたら、その人の行動は変わるはずです。

ルール4 すべてのWIGに「いつまでにXからYにする」のフォーマットでフィニッシュラインを決める

各レベルのWIGに測定可能な結果と、それを達成する期限を定めなくてはなりません。たとえば売上高にフォーカスしたWIGなら、「一二月三一日までに新製品の年間売上高の伸び率を一五%から二一%にする」となります。

「いつまでにXからYに」のフォーマットには、現在地、目的地、到達期限が示されます。そうでなければ、目標に届いたのかどうか、あるいは進捗状況を知ることができません。簡単そうに見えますが、多くのリーダーは戦略のコンセプトをこのフォーマットに置き換えるのが苦手なようです。

しかしこれができれば、リーダーもチームもこれ以上ないほどはっきりとした目標を手にできます。最も重要な目標であるなら、達成できたのかどうかわかることが絶対条件です。それには**「いつまでにXからYにする」**の形式で目標を設定しましょう。

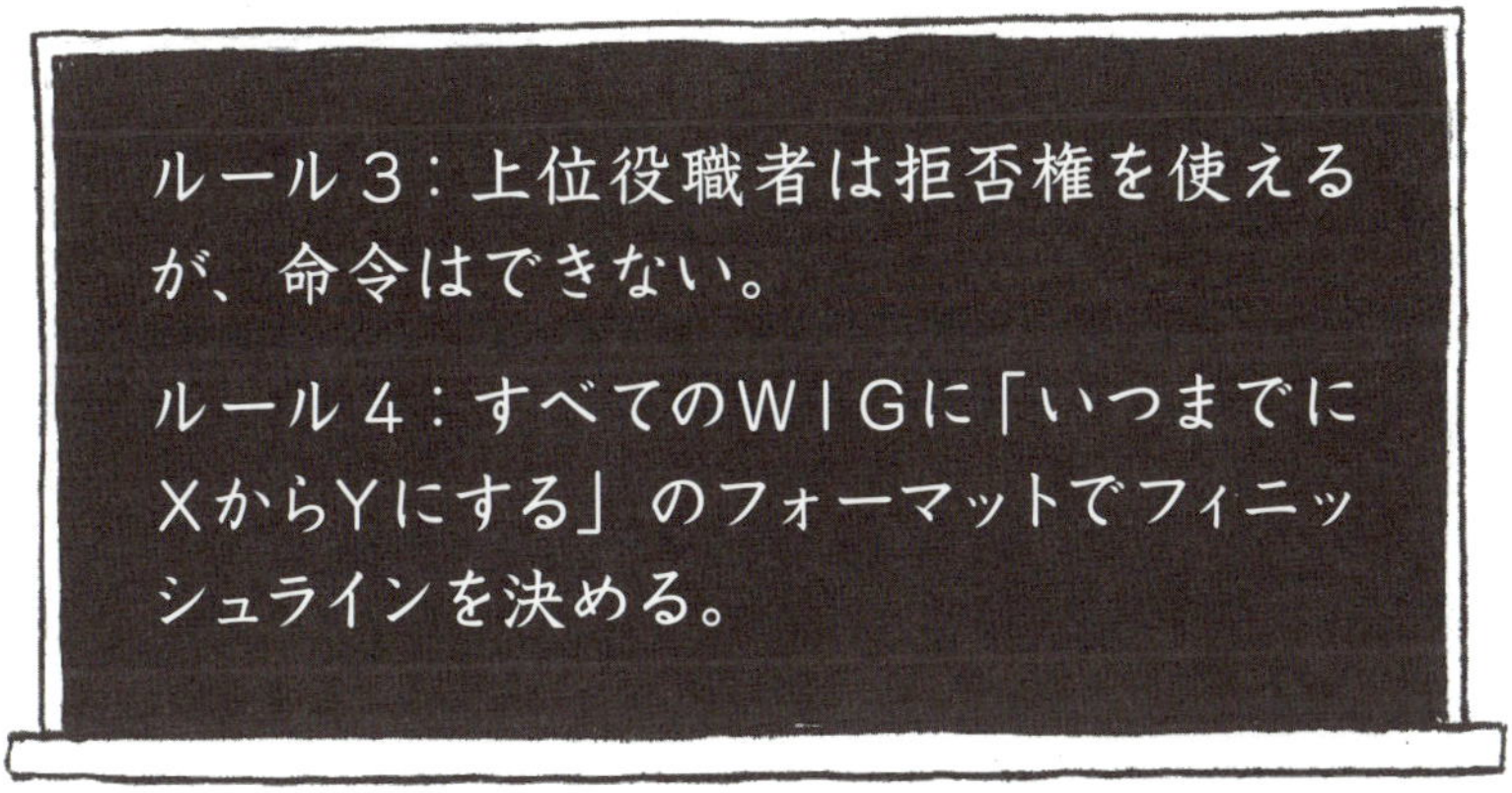
ルール３：上位役職者は拒否権を使えるが、命令はできない。
ルール４：すべてのＷＩＧに「いつまでにＸからＹにする」のフォーマットでフィニッシュラインを決める。

いつまでにXからYにするのフォーマットに則した目標設定

よくある間違った目標	いつまでにＸからＹにする、のフォーマット
在庫処理を改善する	12月31日までに年間在庫回転数を8から10にし、在庫処理を改善する
新規クライアントを開拓し、既存のクライアントとの関係を強化する	顧客ロイヤリティ指標で顧客満足度スコアを2年間で40から70にする
当社のポートフォリオをライフサイクル戦略に転換させる	5年以内に顧客の40％を固定カテゴリー投資からライフサイクル・カテゴリー投資に移す

6

STEP 1

チームで実践する

可能性を検討する

第1の規律「最重要目標にフォーカスする」を四つのステップに沿って実践してみましょう。

リーダーとチームが一緒になってWIGを決めることが理想です。一方的なトップダウンでは、メンバーはWIGに対して当事者意識を持てず、ボトムアップでは組織全体のWIGと関係性が薄いWIGになる危険性があるからです。チームのパフォーマンスを高めるためには、「参加なくして決意なし」であることを肝に銘じておいてください。

WIGを見つける質問

WIGは考えるまでもなく明らかな場合もありますが、多くの成し遂げたいことの中からWIGを特定しなければならないケースがほとんどでしょう。

WIGを見つけるときには、次の三つの質問が役立ちます。

① このチームのパフォーマンスのどの部分を改善すれば（他の部分は維持することを前提にして）、組織全体のWIGの達成に最も貢献できるか？

② チームのどの強みにテコ入れすれば、組織全体のWIGの達成に貢献できるか？

③ 組織全体のWIGの達成に最も貢献するために、チームのパフォーマンスが低いどの分野を改善すればよいか？

気をつけたいこと

これらの三つの質問に答えるように、メンバーたちから自由なアイデアを募ります。数個のアイデアだけでWIGを決めてしまってはいけません。

WIG候補のリストが多いほど、かつクリエイティブであるほど、最終的に決まるWIGの質は高くなるので、できる限り多くのアイデアを集めましょう。ブレーンストーミングを始める前に、積極的に意見を出してほしいことを伝え、メンバーの参加者意識を高めてください。

この段階では、「どのように」ではなく「何が」を考えます。WIGをどのように達成するかは第2の規律で考えます。

WIGを見つける3つの質問

①このチームのパフォーマンスのどの部分を改善すれば（他の部分は維持することを前提にして）、組織全体のＷＩＧの達成に最も貢献できるか？
②チームのどの強みにテコ入れすれば、組織全体のＷＩＧの達成に貢献できるか？
③組織全体のＷＩＧの達成に最も貢献するために、チームのパフォーマンスが低いどの分野を改善すればよいか？

7

STEP 2 チームで実践する

インパクトによる順位づけ

チームのWIG候補リストができたら、組織全体のWIGに大きなインパクトを与えられるアイデアを選び出します。

インパクトを測るためには、評価基準を明確にする必要があります。戦略の方向性に関わることでもあります。組織のWIGがどのようなものかによって、チームのWIGのインパクトを評価する基準は異なります。下の例を参考にしてください。まず、組織全体のWIGがどのような目標か特定し、それに合ったチームのWIGの評価基準を設定してください。それができたら、結果の大きさによる順位をつけてみましょう。

組織全体のWIGに与えるインパクトの観点からアイデアに順位をつけるのは、実は一番難しい作業です。チームのパフォーマンスを上げても、組織全体のWIG達成にほとんど貢献しないチームWIGを選ばないように注意してください。

▶ 組織全体のWIGタイプ別 チームのWIG

組織全体のWIG	チームのWIGの評価基準
財務面の目標なら	見込まれる売上高、利益、投資成績、キャッシュフロー、コスト節約額
品質面の目標なら	効率性の向上、サイクル時間の短縮、生産性の向上、顧客満足度
戦略的目標なら	ミッションへの貢献度、競争優位性の強化、事業機会の獲得、脅威の軽減

STEP 3 チームで実践する

8 トップのアイデアをテストする

インパクトの大きいWIG候補を絞り込んだら、四つの基準に照らして評価します。

① 整合性はあるか?

意味のあるチームのWIGを選ぶためには、チームと組織のWIGとの間に明確なつながりがあることが絶対条件です。自分たちのアイデアに酔いしれ、組織のWIGの達成が最優先事項であることを忘れてしまうチームが少なくありません。このテストに合格しないアイデアは排除し、次にインパクトの大きいアイデアをリストから選びなおします。

② 測定可能か?

測定できるスコアのない試合は、重要な試合にはなりません。WIGの実行初日から、確実にスコアを測定できるようにします。測定の準備に相当な労力が必要なら、当分の間は測定を省き、システムが整ったら測定を開始します。それぞれのWIGは測定可能ですか?

③ 結果は誰のものか?

このテストの目的は他のチームに必要以上に依存したWIGを避けることです。大まかな目安として八〇%以下のWIGを選ぶべきでしょう。

④ 試合の当事者は誰か―リーダーか、チームか?

最後のテストでは、結果を左右するのがリーダーそれともチームのパフォーマンスなのかを判断します。WIGの達成がリーダー一人のパフォーマンスに大きく左右されるのであれば、チームはすぐに試合への興味を失います。チームのWIGは、あくまでもチームの行動しだいで達成できるかどうかが決まるものでなくてはなりません。

すべての基準をクリアしていなければ、メンバーに試合をさせてはいけません。もし一つでも合格できなければ、保留にしたアイデアを再評価してみましょう。ここで無理に押しとおすと、後で問題が表面化しますから、可能性の検討やインパクトの位置づけに戻って再検討してください。

9 STEP 4 チームで実践する WIGを定義する

インパクトの大きいチームWIGのアイデアを選び、四つの基準に照らしてテストしたら、可能な限り明確で測定可能なWIGにします。次のルールに従ってWIGを定義します。

① 簡単な動詞を使う

わかりやすい動詞を使えば、意識はすぐに行動に向かいます。長くて重々しい前置きはやめて、WIGはあくまでも簡潔に表現しましょう。

② 遅行指標を定める

遅行指標は、目標を達成したかどうかを教える指標であり、チームにとって正確なフィニッシュラインとなります。左の例にあるように、「いつまでにXからYにする」のフォーマットで遅行指標を書きます。

③ シンプルに

スタッフの八五%は組織の最重要目標を言えないという衝撃的なデータを紹介しました。その理由の最たるものは、ほとんどの組織目標が曖昧で、複雑で、仰々しいからです。

④ 「どのように」ではなく「何を」にフォーカスする

目標をどのように達成するかを長々と記述すると、目標を複雑にしてしまいます。WIGは、チームが「何」を達成するのかにフォーカスした文章にしましょう。

⑤ WIGは達成可能か

チームの力で達成できる限界をはるかに超えていて、七五%くらい達成できれば御の字だと思っている目標はWIGには向いていません。また、チームで簡単に達成できたり、組織全体のWIGに対するインパクトが小さかったりする目標もWIGには不向きです。言い換えれば、やりがいのあるWIGであると同時に、勝てるWIGであることが重要なのです。

▶簡単な動詞を使う

良い例	悪い例
……コストを削減する ……売上を伸ばす ……顧客満足度を上げる ……工場を増やす ……製品を発売する	当社の株主に提供する価値を高め、社員のキャリアを強化し、当社の基本的価値観を守るために、今年度の最重要目標を……とする

▶遅行指標を定める

良い例	悪い例
7月31日までにルートエラー率を11%から4%に減らす	できるだけ早くエラー率を下げる
今年度末までに年間在庫回転数を8回から10回に増やす	在庫回転率を資産に悪影響を与えないように上げる
3年以内に平均投資回収率を12%から30%に上げる	適正なコストダウンを図る

▶シンプルに

良い例	悪い例
今後2年間でお客様リピート率を63%から75%に上げる	最高の顧客体験を提供することにより、今後2年間でお客様リピート率を63%から75%に上げる

▶「どのように」ではなく「何を」にフォーカスする

良い例	悪い例
12月31日までにカスタマーロイヤルティスコアを40から70にする	お客様との関係を強固にし、豊かなものにすることに取り組む
今年度中に投資カウンセリングサービスの利用率を25%に伸ばす	今年度における当社の主たる目標は、効果的な調整により、投資、インフラストラクチャーおよびアクセスの成長を促進することである
5年以内に1,000万ドル規模のバイオ製品3種類を発売する	当社は、バイオベースのリソースに対するニーズをバイオテクノロジーで満たすことにより、業界のイノベーションを促進することを目指したい

チェックリスト

チームの WIG と遅行指標が適切かどうか、以下の項目をチェックして確かめてください。竜巻の中にあることと、竜巻の外にあることの二つに分けて考えてください。

- ☐ トップダウンとボトムアップの両方から多くの意見・アイデアを集めたか？
- ☐ チームのＷＩＧは明確で、チームのパフォーマンスだけでなく組織全体のＷＩＧまたは戦略にインパクトを与えることが予測できるか？
- ☐ チームのＷＩＧは、組織全体のＷＩＧの達成にチームが最も貢献できるものか？
- ☐ チームは、他のチームに必要以上に頼らなくともＷＩＧを達成できる力を持っているか？
- ☐ ＷＩＧは、リーダーや一部のメンバーだけでなくチーム全体がフォーカスすることを必要とするか？
- ☐ 遅行指標は「いつまでにＸからＹにする」のフォーマットで書かれているか？
- ☐ ＷＩＧをもっと簡潔にできるか？ 簡単な動詞を使い、明確な遅行指標を含めているか？

WIGビルダー・ツール

1. ＷＩＧのアイデアをブレーンストーミングする。
2. それぞれのアイデアの遅行指標をブレーンストーミングする（いつまでにＸからＹにする）。
3. 組織全体のＷＩＧにとっての重要度で順位をつける。
4. 前ページのチェックリストでアイデアをテストする。
5. 最終的なＷＩＧを書く。

ＷＩＧのアイデア	現在の結果（Ｘから）	目指す結果（Ｙに）	期限（いつまでに）	順位

最終的なＷＩＧ

ある五つ星ホテルチェーン（第1の規律）

「ベストプラクティスから学ぶ」のコーナーは、四つの規律それぞれの最後に登場します。ここでは、ある五つ星ホテルチェーンのイベント・マネジメント・チームが、「実行の4つの規律」を導入して、結果を出した過程を紹介します。このチームの問題点やチームのリーダーの言動に、あなたの組織との共通点を探したり、活用できる点を見つけたりしながら読み進めてください。

ある五つ星ホテルチェーンは、「一二月三一日までに総利益を五四〇〇万ドルから六二〇〇万ドルにする」という組織WIGを定めました。傘下のホテルでは、各部門がチームのWIGを決めるために、ブレーンストーミングしました。

可能性を検討する

イベント・マネジメント・チームもWIGを決めることになりました。イベント・マネジメント・チームは、会議、パーティ、特別なイベントを担当する部署で、リーダーはスーザンといいます。この部門は、売上を伸ばすと同時に経費を抑えることで総利益の増加に貢献できるので、収益増と経費削減の両方についてブレーンストーミングして、左のようなアイデアが出ました。

イベント・マネジメント・チーム

売上の増加
- ◉企業のイベントや年次総会の会場利用を増やす
- ◉イベント1件あたりの飲食平均売上を伸ばす
- ◉プレミアムバー・サービスを選ぶイベントの割合を増やす
- ◉結婚披露宴を増やす
- ◉「すべて込み」のオプションを選ぶイベントの割合を増やす

経費の削減
- ◉イベント1件あたりの超過勤務時間を減らす
- ◉リネン類とアメニティのコストを削減する
- ◉全体的な食品コストを削減する
- ◉給仕係のアルバイト人員を減らす（またはアルバイトをなくす）

インパクトによる順位づけ

リストを絞り込むために、チームはそれぞれのアイデアの財務面へのインパクトを評価しました。スーザンのチームの場合、最も利益を生みそうなアイデアから適切なフォーカスを選ぶのに苦労しました。組織全体のWIGに与えるインパクトの観点からアイデアに順位をつける作業は思いのほか難しいものです。

この例では、チームによる順位づけで、企業イベントと結婚披露宴がトップになりました。イベントそのもの以外に、市外からの参加者の宿泊、レストランでの食事による売上が見込まれ、中にはスパを利用するお客さまもいるからです。

ここではチームのパフォーマンスを上げても、組織全体のWIG達成にほとんど貢献しないチームWIGを選んでしまう罠を避けることが重要です。チームは最終的に、組織全体のWIGに最も貢献できるチームのWIGを二つ選びました。

▼イベント・マネジメント・チームのWIG
売上の増加
◉企業のイベントや年次総会の会場利用を増やす
◉プレミアムバー・サービスを選ぶイベントの割合を増やす

成果物は、チームWIGと遅行指標

スーザンのチームは最終的に「企業イベントを増やす」ことをWIGにしました。このWIGは売上を伸ばし、結果的にホテルの利益増につながるからです。

次に、遅行指標の検討を重ねました。ここではXとYの差を明確にする必要があります。XとYの差は、それなりに大きくなければやりがいがありませんが、重要な試合であると同時に、勝てる試合を用意する必要があります。スーザンのチームの最終的なWIGは、「一二月三一日までに企業イベントの売上を二二〇〇万ドルから三一〇〇万ドルに増やす」という明確でやりがいのある、有意義な目標になりました。

ここまで第1の規律を詳しく見てきたあなたは、このWIGのシンプルさの理由をわかっていることでしょう。簡潔に表現されたWIGであれば、チームは最も重要なことにフォーカスできます。そのフォーカスは日常業務の竜巻に吹き飛ばされることはありません。WIGは、たとえるならコンパスのようなものです。到達しなければならない最も重要な結果を常にはっきりと指し示すのです

▼スーザンのチームのWIG
◉一二月三一日までに企業イベントの売上を二二〇〇万ドルから三一〇〇万ドルに増やす

第2の規律

テコを使って岩を動かす

「年度末までに、売上を対前年度一二%アップを実現する」という目標も決まった。
チームの誰よりも一生懸命に働いたというのに、思うような成果は出ていない。
能力を評価されてリーダーになったはずなのに…
今日も何の達成感もないまま終わってしまった。
はぁ…
忙しいのはチームのメンバーたちも同じだった。

新規開拓が少なすぎて、既存顧客の利益が減っています。
営業がだめだと言われるけど、今月はかなり回ってますよ。
もっと結果を出さなきゃだめだろ！
そうなんですけど…
正直、自分がやらなきゃいけないことをこなすのが精いっぱいです。
だれか代わってくれるなら別ですけど
頑張っているけど、竜巻のせいで本当にやるべきことが見えていない。
まずは、共通認識を持ってもらわないと…
結果（遅行指標）ばかり追いかけても終わったことだ。
ぱさっ

遅行指標を
動かすものは
何だと思う？
遅行指標？
何ですか、それ？
言われた仕事は
ちゃんとやってます。
もっとやらなきゃ
いけないんですか
かなり残業して、
いろいろやっては
いるんですけど、
結果がついて
こないんです。
そんなこと
言わないの。
リーダー、
また何か
面倒なこと
始めるつもり
ですかぁ…？
たしかに、
この忙しさが
目標の達成に
つながっていないのは
問題ですよね。
みんながよく
やってくれて
いることは、
十分わかっているよ。

だからこそ、目標の達成を可能にする活動をしなければならないんだ。
それも、できるだけみんなの負担が重くならずに、だ。
例えるなら、チームで目標という大きな岩を動かそうとしているようなものだ。
でも、みんなが言うとおり、この岩はなかなか動かない。
僕たちは岩を動かすことはできないけど、テコを使えば小さな力で大きな影響を与えられる。このテコが、先行指標なんだ。
なるほど、先行指標かぁ。
忙しいのにみんなの指標を決めるなんて、リーダーは大変ですね。
岩
（遅行指標）
予測可能
テコ（先行指標）
影響可能
ははは、ちがうよ。先行指標を決めるのは君たち自身だ。
ええっ！

第2の規律
先行指標に基づいて行動する

第2の規律では、チームの目標達成を可能にする活動を定めます。そして、達成するための活動にチームの労力の大部分を注ぎます。

第1の規律では組織の最重要目標を決め、個々のチームが当事者意識を持って最重要目標に取り組めるようにする方法を学びました。

第2の規律では、目標接近のために、綿密な計画を定めるのではなく、チームの目標達成を可能にする活動を定めます。遅行指標を動かすためのテコとなるような活動です。そして、達成するための活動にチームの労力を注ぎます。

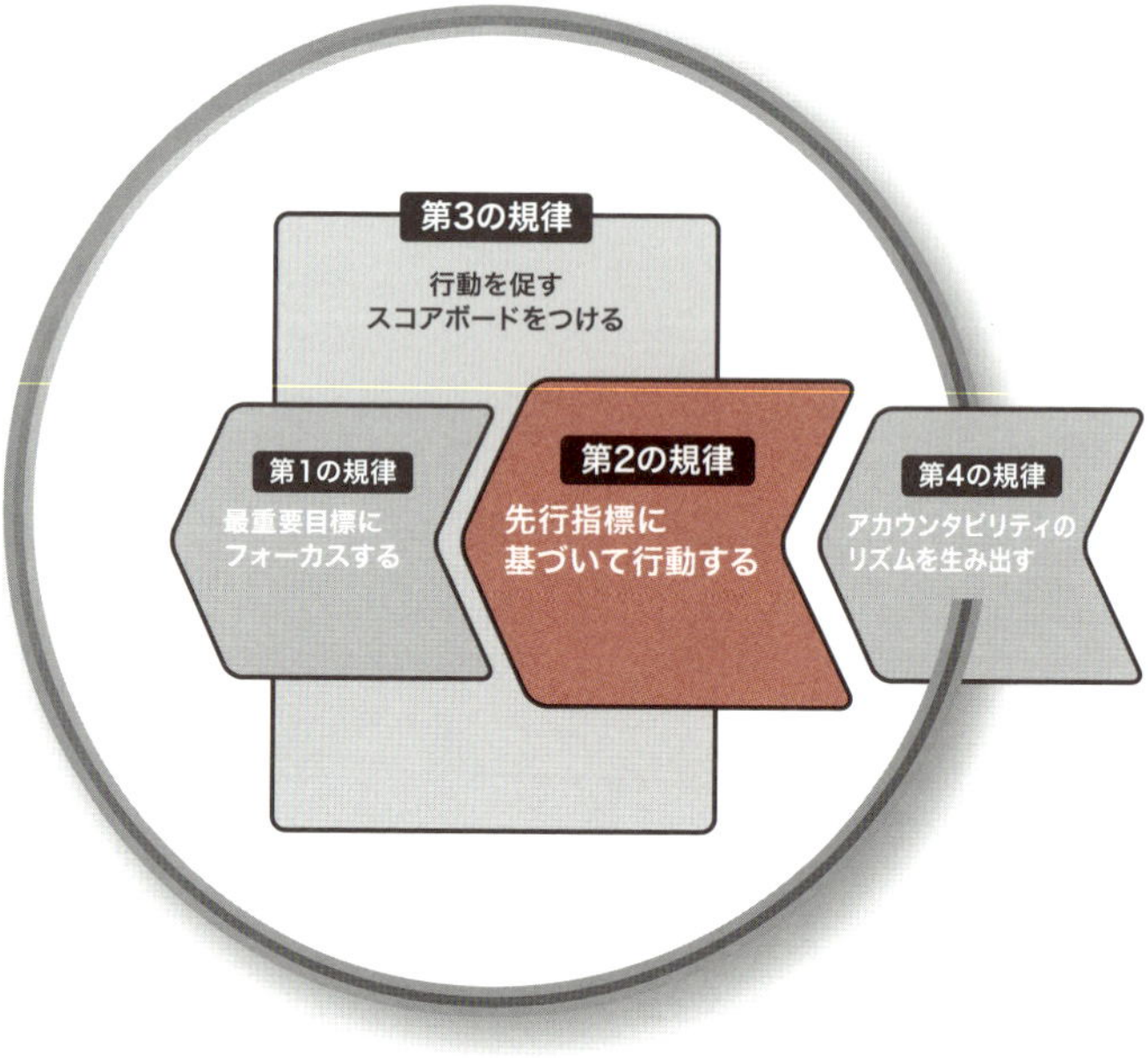

第3の規律
行動を促す
スコアボードをつける
第1の規律
最重要目標に
フォーカスする
第2の規律
先行指標に
基づいて行動する
第4の規律
アカウンタビリティの
リズムを生み出す

必要なのは、綿密な計画ではなく、目標の達成に結びつく指標。

▶ 従来の考え方と4Dxの原則との違い

従来の考え方	4Dxの原則
四半期業績、売上高、減った体重など遅行指標を注視する。結果が出るまで待っているしかない。	先行指標を動かすことにフォーカスする。先行指標は、遅行指標を動かすテコの作用の高い活動。

今までのやり方と4Dxのやり方

最重要目標を定めたら、その目標を数カ月後に達成するために必要な具体的な作業のすべてをリストアップし、詳細な計画を立てるのが当然だと思うかもしれません。

しかし、ほとんどの長期計画は厳密すぎて、日々変化するニーズやビジネス環境に対応する柔軟性に欠けています。その結果、綿密に立てたはずの計画が、数カ月足らずでお蔵入りになることは少なくありません。

「実行の4つの規律」の第2の規律はこれとは正反対で、毎日または毎週測定する指標を定めます。それを達成すればWIGの達成に結びつく指標です。

次に、チームは毎日または毎週、それらの指標を前進させる最も重要な活動を決めます。このようにして、WIGにフォーカスしながら、その時々に必要なジャスト・イン・タイムの計画を立てるのです。

1 先行指標vs遅行指標

ＷＩＧ達成の原動力になるのは、遅行指標ではなく、先行指標です。

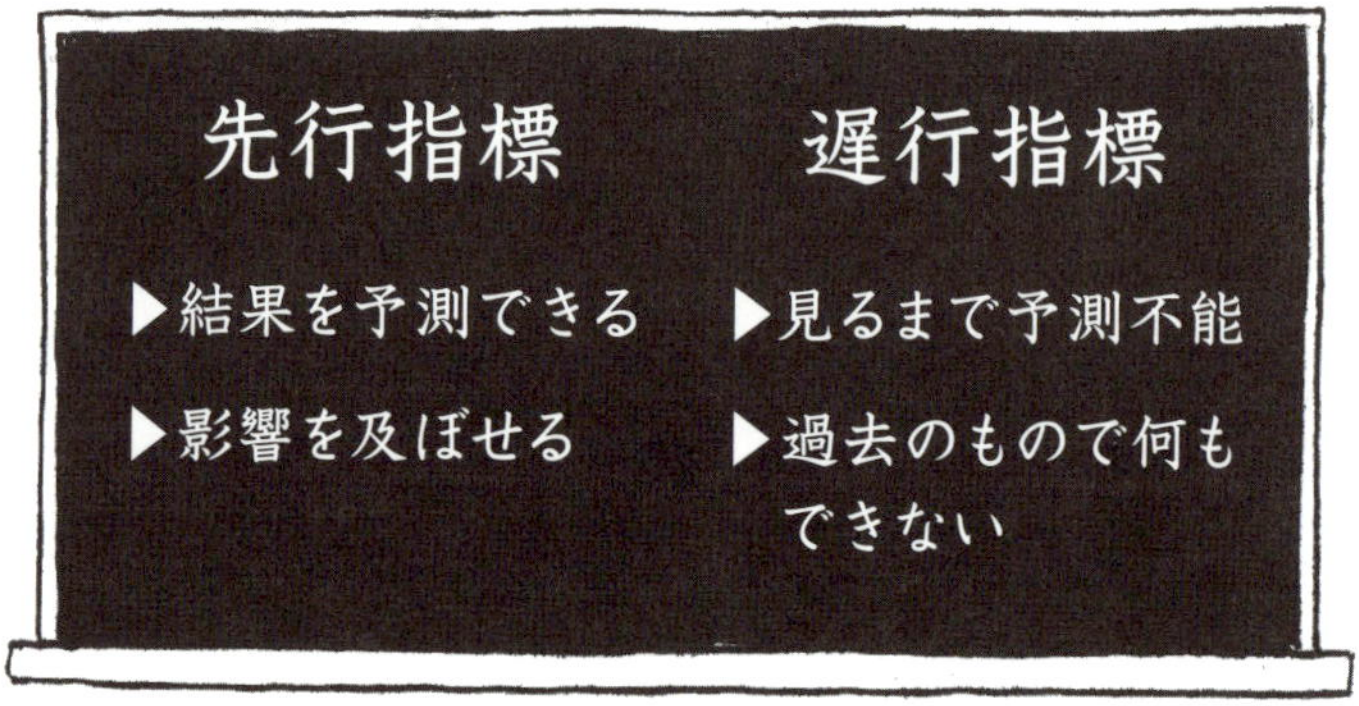
先行指標
▶結果を予測できる
▶影響を及ぼせる
遅行指標
▶見るまで予測不能
▶過去のもので何もできない

遅行指標と先行指標の違い

遅行指標は、あなたが達成しようとする結果の測定基準です。そのデータを手にするときには、結果はすでに出てしまっているから遅行指標と呼びます。あなたのビジネスでも、ＷＩＧ以外に売上高や買掛金、在庫数、入院率、資産活用率等々、さまざまな遅行指標であふれかえっていることでしょう。

一方、先行指標は結果を予測するものです。先行指標には次ページ上図のような二つの特徴があります。

遅行指標と先行指標の例を見てください。病院品質改善チームが遅行指標しか見ていないなら、年末に病院死亡率を見ることになり、その時には結果を変える行動はできません。

しかし、例にあるような先行指標を設定し、それを実行していけば、遅行指標が達成できるということが予測できます。ですから、先行指標があるとないとでは、ＷＩＧの達成に大きな違いが生じます。

先行指標の特徴

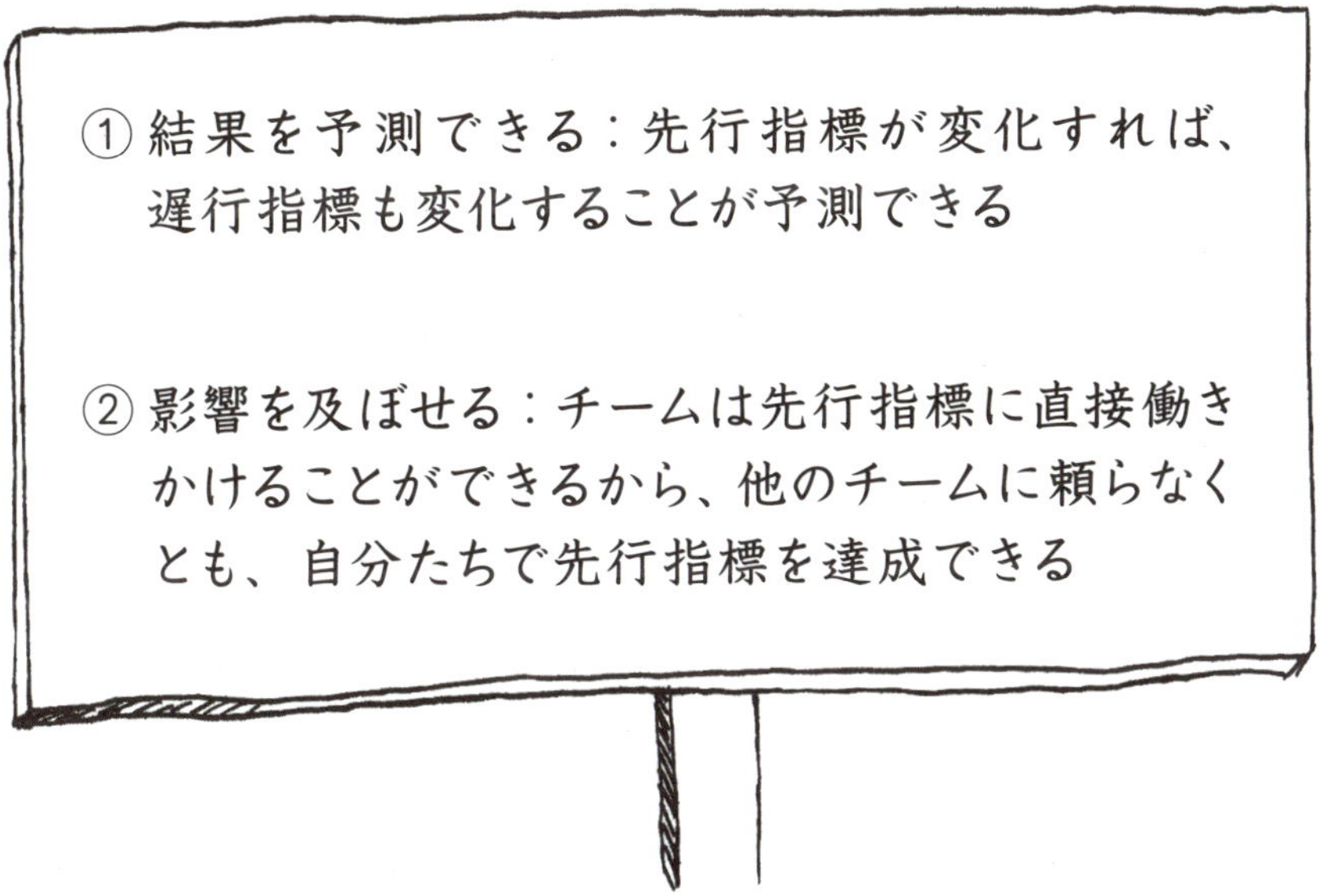
① 結果を予測できる：先行指標が変化すれば、遅行指標も変化することが予測できる
② 影響を及ぼせる：チームは先行指標に直接働きかけることができるから、他のチームに頼らなくとも、自分たちで先行指標を達成できる

第2の規律では、先行指標を設定します。先行指標が前進すれば、WIGを達成する原動力になります。これから数カ月、先行指標を前進させることにチームのエネルギーを注いでみてください。

遅行指標と先行指標の例

チーム	遅行指標	先行指標
病院品質改善チーム	今年中に院内死亡率を4%から2%に減らす	感染しやすい患者を1日に2回、肺炎予防基準に照らして評価する
海運会社発送チーム	今四半期中にトラック輸送コストを12%削減する	全輸送中、90%のトラックを満載にする
レストラン	年末までに1人平均支払額を10%増にする	全テーブルの90%に本日のカクテルを勧める

2 重要なのは先行指標

遅行指標を睨んでいるのは、運任せと同じです。結果を変えたいなら、先行指標に取り組まなければなりません。

遅行指標にばかり気を取られる理由

① 遅行指標は、あなたが達成しなくてはならない結果で、成功の指標

② 遅行指標のデータは、先行指標のデータよりも取得しやすいし、わかりやすい

なぜ遅行指標ばかりに気を取られるのか?

世界中で、生活のあらゆる場面で、遅行指標を改善できずにイライラするリーダーたちが山のようにいます。セールスリーダーは総売上高を睨み、サービスリーダーは顧客満足度を睨み、親は子どもの成績表を睨み、減量したい人は体重計を睨んでいます。しかし遅行指標だけを睨んでいるだけでは、結果が出ないことは明白です。

リーダーというリーダーがこの間違いを犯す理由は二つあります。

一つは、遅行指標は、あなたが達成しなくてはならない結果で、成功の指標だということ。そしてもう一つは、遅行指標のデータは、たいてい先行指標のデータよりもはるかに取得しやすいし、わかりやすいことです。

コントロールできるのはどちらなのか?

体重計に乗れば、体重の数値はすぐにわかりますが、今日摂取したカロリーや消費したカロリーを計算するのは、それほど簡単ではありません。先行指標のデータは取得しにくい場合が多く、データを追跡し続けるには、規律が要

るのです。

食事と運動の重要性を頭で理解することと、摂取カロリーと消費カロリーを実際に測定することの間には、天と地ほどの開きがあります。食事の量を調整し、運動しなければならないことは誰でも知っていますが、毎日きちんと摂取カロリーと消費カロリーを測定し、記録している人は滅多にいません。しかし、体重を減らすことができるのは、摂取カロリーと消費カロリーを毎日欠かさず測定した人なのです。

つまり、重要なのは先行指標のデータです。チームがすべきことと、実際にしていることとのギャップを埋めるためには、日々、あるいは毎週私たちが管理すべきデータ（先行指標）が必要になります。先行指標がなければ、遅行指標でマネジメントするしかありません。しかしそれでは望む結果は得られないでしょう。

遅行指標は過去のもの

遅行指標だけを見ていると意外な結果に驚かされることがあります。あなたのチームは顧客満足度を上げる目標に必死で取り組んでいるとします。チームにとって顧客満足度は最も重要な指標であり、あなたのボーナスもその結果で増えたり減ったりします。新しい顧客満足度があなたのデスクに届いたとき、あなたは喜ぶか落胆するかのどちらかでしょう。しかしどちらにしても、結果は変えられません。スコアはもはや過去のものであり、今さらどうすることもできません。極端な話、遅行指標だけを眺めているのは、キャリアを運任せにしているようなものです。

運任せではなく、顧客満足度を最も的確に予測できる二つの先行指標を追跡しているとしましょう。過去三週間、チームはそれらの指標で標準を上回る成績をあげているならば、次に新しい顧客満足度データが届くとき、あなたが目にする結果は間違いなく変わっていると予測できます。

食事と運動の先行指標を毎日守り、体重計に乗るのと同じです。遅行指標の体重が減っていることは、体重計に乗る前からわかっているのです。

3 先行指標を決める

先行指標を支える重要な原則は、誰でも知っているテコの作用です。最重要目標を達成するのは、巨大な岩を動かすようなものだと考えてみてください。

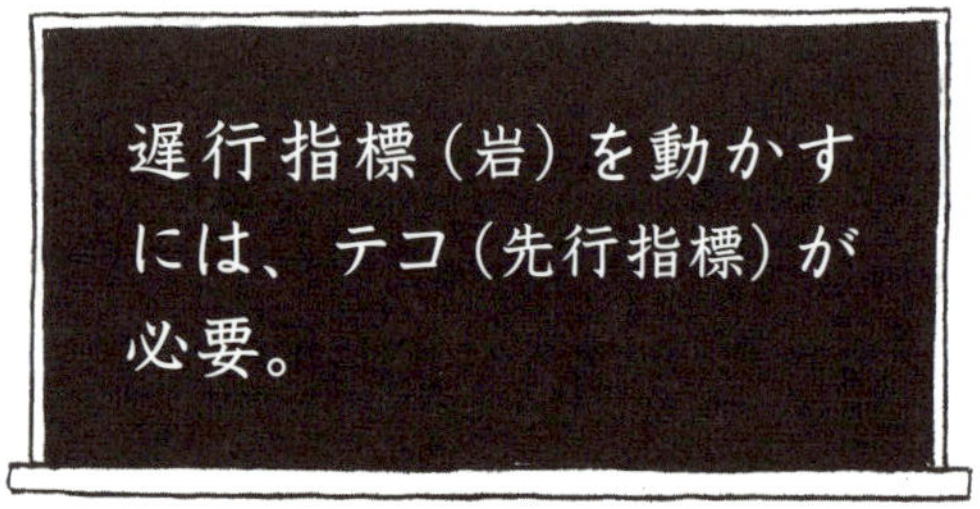
遅行指標（岩）を動かすには、テコ（先行指標）が必要。

あなたは時間のほとんどを竜巻との闘いと、遅行指標の心配に費やしていませんか？　問題は、竜巻への対応に相当な労力を使っているために、竜巻を維持する以外のところでテコの作用をほとんど生み出していないことにあります。しかし、あなたに最も必要なものこそ、テコの作用なのです。

テコはどこにあるのか？

チーム全員でどんなに力を込めて押しても、岩はちっとも動きません。しかしこれは努力で何とかなる問題ではありません。努力で動かせるなら、チームはとっくに岩を動かしているのですから、何かが足りないのです。

ＷＩＧを実行しようとするリーダーが頭を一番悩ませるのは、多くの可能性の中から正しいテコを見つけることでしょう。動かしたい大きな岩があるのなら、結果を予測でき、あなた自身がコントロールできるテコが必要です。岩が大きいほど、効果的なテコの作用が必要なのです。

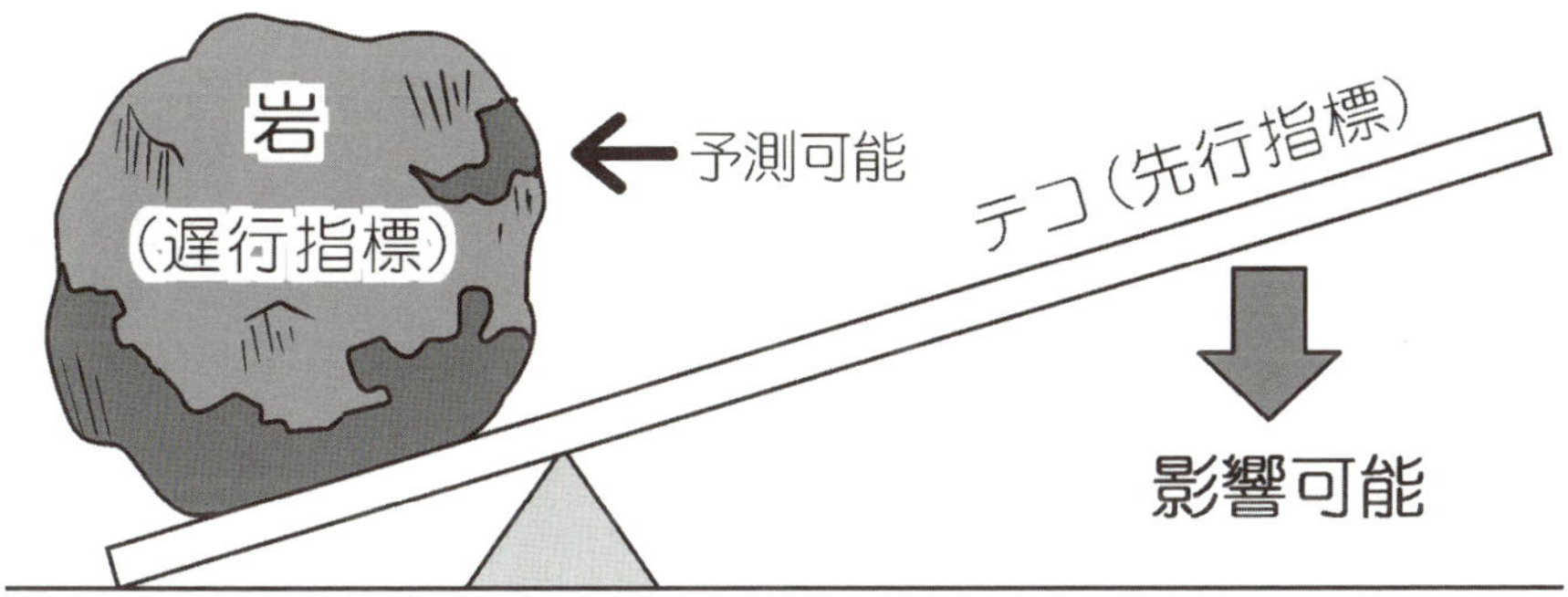

正しいテコを選ぶ

正しいテコを選ぶにはどうしたらいいのでしょうか。
次の三つの質問について、考えてみてください。

①周りを見渡して、その目標あるいはそれに類似する目標を達成した人がいませんか？　彼らの行動はどこが違っていたのでしょうか？

②これまであなたが思っていなかったことで、状況を一変できそうな活動は何ですか？

③ＷＩＧの達成に最大のインパクトを与えると思う活動を選びます。ここでのポイントは八〇／二〇ルールです。あなたがすることの二〇％は、残る八〇％よりもＷＩＧにテコの作用が働くインパクトがあります。その二〇％は何でしょうか？

先行指標は、テコの作用で巨大な岩を動かすのと同じことなのです。私たちは岩を動かすことはできませんが、テコは動かして影響を及ぼすことができるのです。そして、テコが動けば、岩も動きます。

4 先行指標の二つのタイプ

先行指標には結果指標型と行動指標型の二つのタイプがあります。

結果指標型と行動指標型の先行指標の違い

結果指標型の先行指標は、毎週何らかの結果を出すことにチームの行動を集中させる先行指標ですが、達成するための方法は自分で選べるようにします。

たとえば、大手スーパーチェーンの場合、「主要品目の品切れを週二〇品目以下に抑える」は結果指標型です。このタイプの先行指標では、チームのメンバーはどんな行動を選んでもいいですが、その行動の結果に責任を持ちます。

行動指標型は、週をとおしてチームに実行させたい具体的な行動を追跡する先行指標です。たとえば、「店頭チェックを毎日二回増やし、主要品目を補充する」といったことです。行動指標型先行指標では、チームのメンバー全員が足並みを揃えて新しい行動をとり、指標どおりに行動できているかどうかを正確に評価できます。

結果指標型と行動指標型の指標の違い

結果指標型先行指標
＝何か結果を出すことにチームの行動を集中させる指標

行動指標型先行指標
＝チームに実行させたい具体的な行動を追跡する指標

チームは、その行動による結果ではなく、指標どおりに行動をすることに責任を持ちます。

結果型と行動型の共通点

どちらのタイプの先行指標も、第2の規律では同じように有効であり、結果につながる強い原動力になるのです。

大手スーパーチェーンの例では売上の促進要因の一つは売れ筋商品が常に店頭に並んでいることです。そこで、チームの全員が同じように行える行動指標型先行指標「店頭チェックを毎日二回増やす」にフォーカスすることにしました。

これらの例で気づいてほしいのは、いずれのタイプの先行指標も目標達成にテコの働きをすることです。どちらが良いということはありません。あなたのチームに適したタイプの先行指標を選べばよいのです。

最重要目標

2011年12月31日までに
週間平均売り上げを
100万ドルから150万ドルに増やす

結果指標型先行指標	行動指標型先行指標
主要品目の品切れを週20品目以下に抑える	店頭チェックを毎日2回増やし、主要品目を補充する

Practice

あなたのチームでは、各々、どのような指標を考えることができますか？

【結果指標型】

【行動指標型】

5 プロセス志向の先行指標

パワフルな先行指標を見つける方法がもう一つあります。自分の仕事をプロセスのステップに分けてみることです。

特にWIGが何かのプロセスに関係しているのであればプロセス型の先行指標が効果的でしょう。たとえばセールス・プロセスに関係する売上のWIG、あるいはプロジェクト・マネジメント・プロセスに関係するプロジェクト完了のWIGなどがこれにあたります。

セールス・プロセスの例

下に挙げる例は、基本的な一一ステップのセールス・プロセスです。

どのプロセスにも同じ課題があります。

①そのプロセスは結果をもたらすか？
②全員は同じようにそのプロセスをたどれるか？
③正しいプロセスか？

▶プロセスのステップ

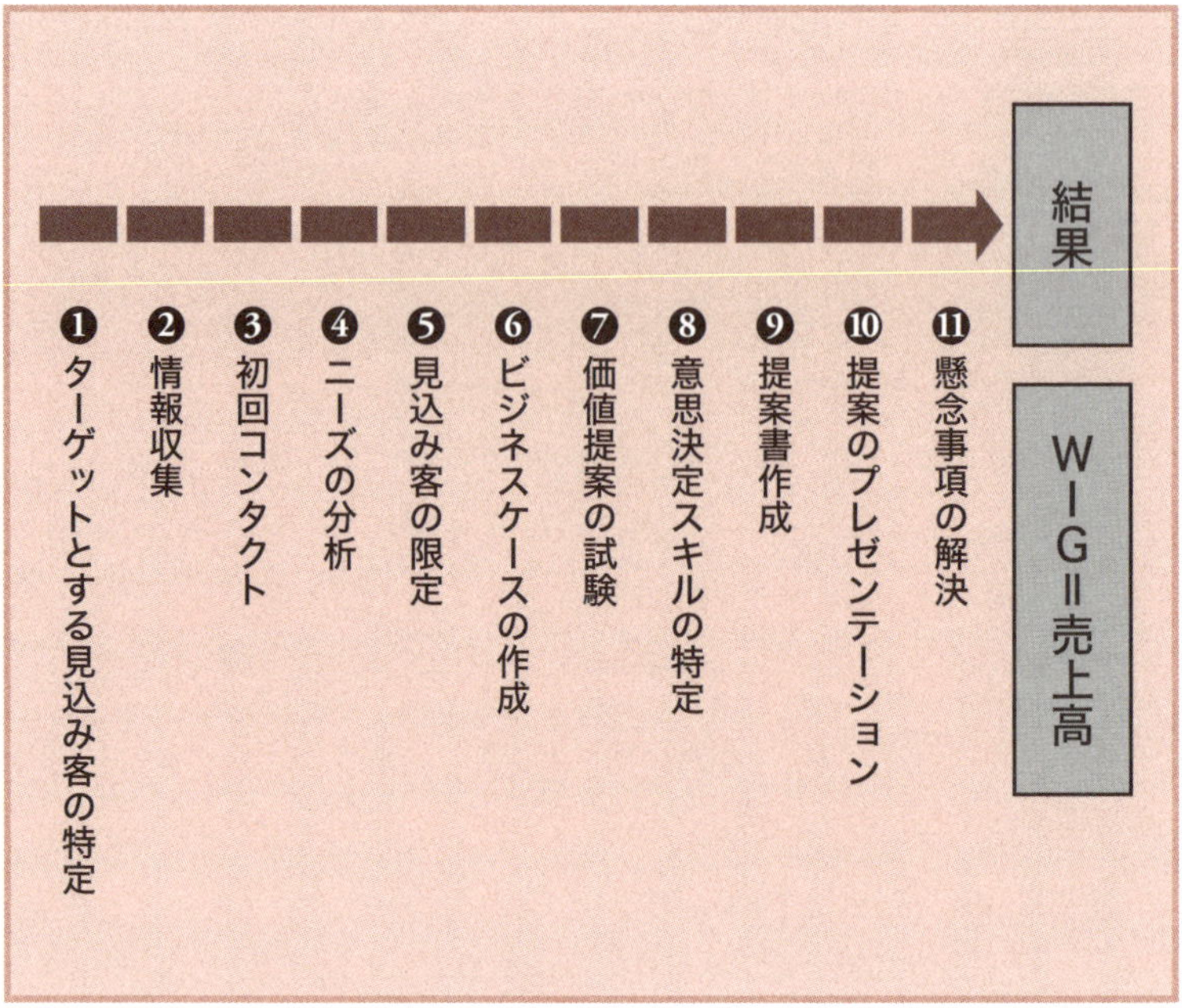

結果
WIG＝売上高
❶ターゲットとする見込み客の特定
❷情報収集
❸初回コンタクト
❹ニーズの分析
❺見込み客の限定
❻ビジネスケースの作成
❼価値提案の試験
❽意思決定スキルの特定
❾提案書作成
❿提案のプレゼンテーション
⓫懸念事項の解決

そして、プロセスのどこかに必ず、テコの作用点があります。パフォーマンスが伸び悩んでいるステップです。そこを先行指標にすれば、チームはそのテコの作用点に力を集中的にかけることができるでしょう。たとえば、チームがステップ四とステップ六を改善すれば結果を大きく伸ばせると判断したら、この二つのテコで遅行指標を動かすのが効果的です。

次にチームは、遅行指標を動かすテコとなる先行指標を決めます。チームは、「適切なニーズ分析が行われたかどうか、どうやって測定できるのか？」「ビジネスケースが適切であることは、どうやってわかるのか？」と問うわけです。

このタイプの先行指標は、プロセス全体を一度に改善するよりもはるかに効果的です。プロセス全体になると、リーダーはステップ❶から⓫まで全部の変化に労力を分散させることになり、チームは古い習慣を絶対に断ち切ることができません。

リーダーはプロセスの最も重要なポイントを解決してから、次に重要なポイントに移ることが大切です。

6 先行指標を追跡する

先行指標のデータのほとんどは遅行指標データよりも取得しにくいですが、代償を払ってでも先行指標を追跡しなければなりません。

パイロットの先行指標

先行指標の取得に苦労しているチームは、テコの作用が強く働く先行指標にフォーカスしようとしても、「このデータをとるのは大変だ！忙しくてそれどころじゃない」と言うでしょう。

WIGに真剣に取り組むなら、先行指標を追跡する方法を何としても考え出さなくてはなりません。データがなければ、先行指標のパフォーマンスを前進させることはできないからです。先行指標がなければ、テコの効果は現れません。

飛行機がフライトする際のWIGは、安全に着陸することです。今、飛行機は驚くほど安全に運航されていますが、過去はそうではありませんでした。一九三〇年代にはパイロットのミスで重大な飛行機事故が多発していました。

一九三五年、経験を積んだ米国軍のテストパイロット、ピート・ヒル少佐が、当時最大の航空機と衝突しました。それは、彼が離陸前に尾部のエレベーターがロックされているか確認するのを忘れたことが原因だったのです。

この事故を受けてパイロットたちが協議し、飛行前点検リストという先行指標が決められました。その後、パイロットのミスによる衝突事故は激減し、飛行前点検リストはいまや、安全な到着を最も確実に予測できる指標となっています。

飛行前点検リストは、我々の言うテコ効果の高い活動の代表的な例です。点検リストは数分程度で目をとおせますが、その効果は絶大です。安全な着陸を予測でき、パイロットがみずから影響を及ぼすことができます。

チームが第2の規律で先行指標を設定し始めると、第1の規律で焦点を絞った仕事をさらに深く理解するようになります。

一つのWIGの先行指標を推し進めていくことだけでも、竜巻の中では大変です。第1の規律に反して多くのWIGを決めたリーダーは、第2の規律で先行指標を理解すると、必ず考え直してWIGを絞り込むようになります。

チームが第2の規律で先行指標を設定しはじめると、第1の規律で焦点を絞った仕事をさらに深く理解するようになる。

▶1930年代に設定されたパイロットたちの先行指標

WIG：事故を減らし、すべての飛行機が安全に着陸すること

↓

先行指標：飛行前点検リストを実施する

↓

遅行指標：パイロットのミスによる事故が大幅に減少した

7 アトランタ郊外の高級百貨店

正しいテコを探して、先行指標を動かしたアトランタ郊外の高級百貨店の事例を紹介しましょう。

アトランタ近郊、フィップス・プラザ・モールにある高級百貨店は、ディスカウントショップ、大手チェーンストア二店舗の猛攻で、売上は前年より八％も落ち込みました。

「実行の４つの規律」を採用した百貨店の経営陣は、その年のＷＩＧを、平均取引額（顧客一人の購入額）を増やし前年と同じ売上を確保することに絞りました。

一一の売り場のすべてが、店舗全体の上位ＷＩＧをサポートする下位ＷＩＧを考えましたが、上位ＷＩＧを達成するための先行指標がなかなか決まりません。それまでとは違う何をするか、具体的なアイデアもないまま、社員の労力のすべてが平均取引額（遅行指標）を上げることだけに注がれました。

正しいテコを探すために、他の売り場よりもうまくやっている靴売り場で、平均の三倍も売っているトップ販売員の行動を詳しく観察しました。彼女はお客様の気持ちになることができ、お客様の服装を観察し、家族のことを聞くなど会話をしながら、ニーズをつかみます。

そうして、一人のお客様に約六足もの靴を顧客に見せて、提案しながら上手に商品を勧めていました。また、会員カードをつくりませんかとただ勧誘するのではなく、代金をもらうとき、「会員カードをおつくりになれば、今日のお買い物から一〇％割引になります。ここにサインしていただくだけです」とアプローチしていました。

その話をヒントに、靴売り場では各販売員は、必ず三つのことをするという基準を設定しました。

①客一人につき最低四足の靴を見せる
②お礼状を書く
③購入した客全員に会員カードの作成を勧める

この基準を測定するのは、マネージャーではありません。レジカウンターの後ろに、欄が三つある簡単な表を貼り、お客様に三つのことをするたびに、販売員はチェックマークをつけて、自分で管理します。

一部のマネージャーは、これでは正確かどうかもわからないし、本当のことを書くのかと心配しましたが、販売員がごまかしても、結局はわかるものです。

販売員の取引平均額をとっているので、先行指標が遅行指標を動かし始めれば、相関関係が見えてきます。

その結果、靴売り場の販売員たちは三つの先行指標に熱心に取り組み、テコの作用が働きました。遅行指標が動き始め、売り場全体が湧きたったのです。先行指標と遅行指標の達成には明らかな相関関係がありました。これらの先行指標をすべての売り場に導入した結果、年度末には、前年と同じ売上というＷＩＧを達成できたばかりか、前年比二％増となりました。三カ月で実に一〇ポイントの上昇です。

三つの先行指標はどれも、彼らには目新しいものではありません。すでに業務の中にあったのに、誰もそれらの指標を追跡していないだけでした。鍵は、正しいテコを選別し、一貫して追跡することにあります。

また、マネージャーは、データに従ってスタッフを管理できるようになりました。マネージャーは教師となり、メンバーを観察し、提案販売をやって見せ、ベストプラクティスを共有します。そしてチームの活力が高まり、結果がついてきます。こうなれば、もう以前の状態に戻ることはないでしょう。

8
STEP 1 チームで実践する

多くの可能性を検討する

最初に、ブレーンストーミングで先行指標のアイデアを出します。アイデアが多く出るほど、質の高い先行指標を選べるので、すぐに選びたい誘惑にかられても、ぐっとこらえます。

先行指標は、次ページの上段の質問に答えるつもりで考えると効果的です。

先行指標を決める際も、メンバーたちに積極的に参加してもらいましょう。彼らが自由に発言できると、先行指標は現場の状況に則したものとなり、自分のこととして捉えられるようになります。

また、この段階のブレーンストーミングでアイデアが多く出るほど、質の高い先行指標を選ぶことができます。

たとえば、あるスーパーマーケットのＷＩＧは「売上の対前年比五％増」でした。先行指標には次ページの下段のような候補が挙がりました。

先行指標を話し合うときは、ＷＩＧの達成につながるアイデアに焦点を絞ることが重要です。一般的な「すべきこと」のアイデアに流れて、ＷＩＧにインパクトを与える行動から焦点がずれてしまうと、ＷＩＧとは関係のない「ＴＯＤＯリスト」ができるだけなので注意が必要です。

先行指標の好例は３Ｍ社の一五％ルールです。この大企業は数十年前から、卓越した新製品の流れを途絶えさせないという戦略的ＷＩＧを堅持しています。この目標を推進するために、研究チームのメンバーは、自分の好きなプロジェクトに勤務時間の一五％を使うことになっています。これが一五％ルールという先行指標です。

３Ｍ社は、この一五％ルールによって、チームのメンバー自身がコントロールしながらＷＩＧの針を大きく動かしています。

『ビジョナリー・カンパニー』で有名なジム・コリンズは、次のように語っています。

「３Ｍ社では、こういう製品の研究開発をしろと指示さ

先行指標を選ぶときに効果的な質問

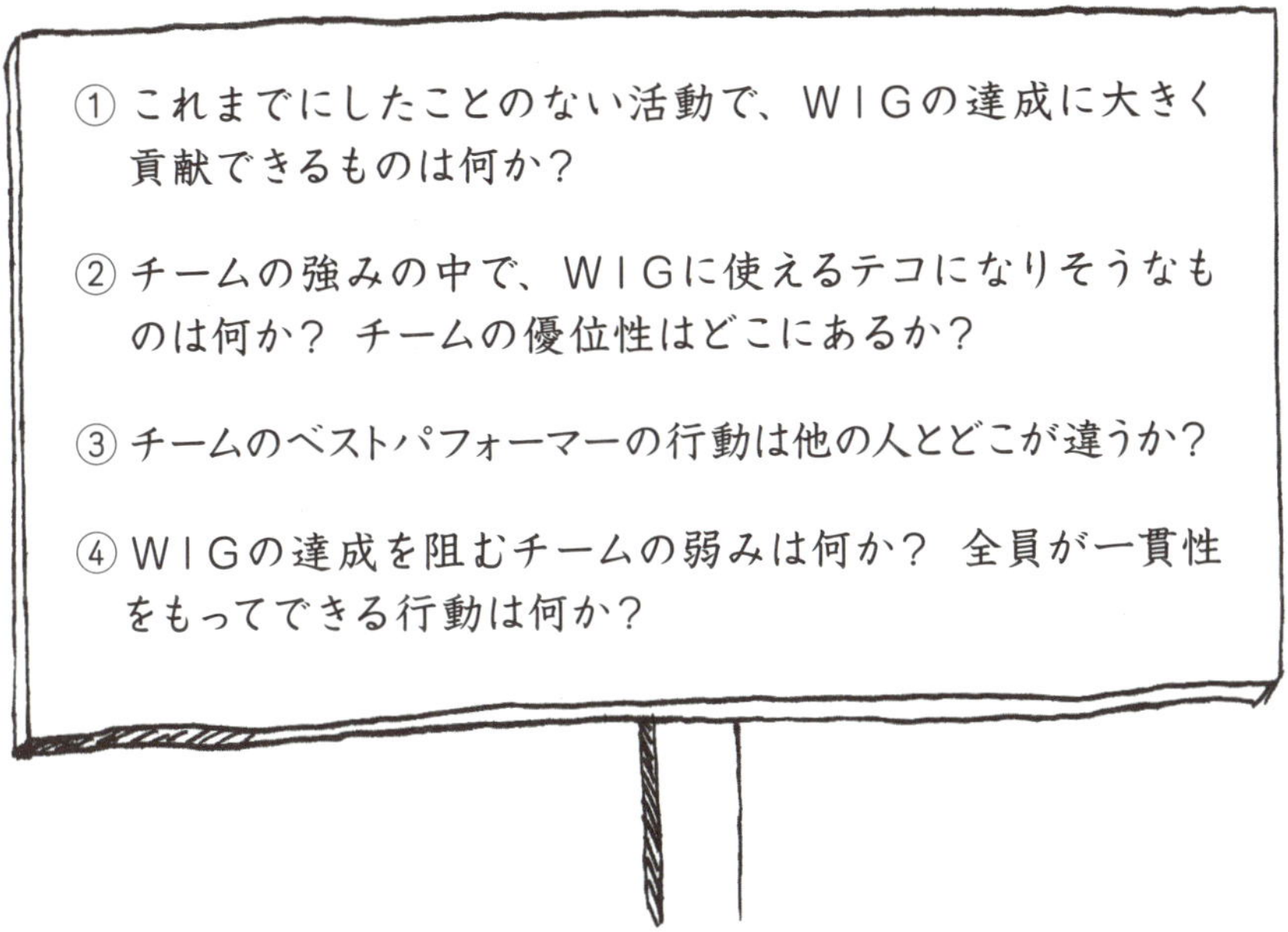
① これまでにしたことのない活動で、ＷＩＧの達成に大きく貢献できるものは何か？
② チームの強みの中で、ＷＩＧに使えるテコになりそうなものは何か？ チームの優位性はどこにあるか？
③ チームのベストパフォーマーの行動は他の人とどこが違うか？
④ ＷＩＧの達成を阻むチームの弱みは何か？ 全員が一貫性をもってできる行動は何か？

れるのではない。これだけの時間を研究開発に使えと言われるだけである。かの有名なポストイットはもちろん、それほど一般には知られていないが、反射ナンバープレート・シート、手術中の心臓の機能を置き換える器械まで、収益性の高いイノベーションの流れは、このような緩い管理から生まれている。一五％ルールを制度化して以来、3M社の収益は四〇倍以上にもなっている」

▶ あるスーパーマーケットの先行指標候補

これまでにしたことのない活動

- 出勤前時間帯（ラッシュアワー）は、店に入ってきた客に「何をお探しですか？」と声をかけ、サポートする。
- 電子メール等で商品の注文をとり、客が来店する時間までに用意しておく。

優位性の強化

- 毎月、各売り場で新商品をクリエイティブにディスプレイする。
- ベーカリー売り場が使っている顧客サービスチェックリストを全売り場で採用する。

弱みの修正

- 店頭の品切れチェックを２時間おきに行う。
- レジに並ぶ客を２人までにする。

インパクトによる順位づけ

先行指標の候補が出揃ったら、次はチームのWIGに大きなインパクトを与えそうなアイデアを選び出して、インパクトが大きいと思われる順番をつけます。

多すぎる目標は焦点がぼやけて結果が出せないのと同じように、多すぎる指標は、テコにかかる力が分散してしまい、大きな岩を動かすことなどできません。

設定したWIGと先行指標のアイデアを見比べて、WIGに大きなインパクトを与える順に並び替えてください。チームメンバーによって、順番のつけ方が違うかもしれません。そういう場合は、その先行指標がなぜインパクトが強い（または弱い）と思ったのか、なぜその順番にしたのか、などを聞いてみるといいでしょう。自分にはなかった観点に気づくことができるかもしれません。

注意しなければならないのは、先行指標の候補リストができると、チームのメンバーはたいてい「これを全部やらなければならない」と思ってしまうことです。どれもやる価値のある活動であるのは確かですが、先行指標を絞らないと、一つの指標にかける労力が減ってしまいます。

先行指標を絞り込む。多すぎれば、かける力が分散してしまう。

トップのアイデアをテストする

テコの効果の高い先行指標を絞り込んだら、それらを次の六つの基準に照らしてテストします。

① WIGの達成を予測できるか?

最初のテストは、先行指標候補にとって最大の関門です。このテストに不合格なら、どんなに良いアイデアであっても排除して、ブレーンストーミングをして作成したリストから次にインパクトの強いアイデアを選ばなければなりません。

② チームが影響を及ぼせるか?

影響を及ぼすとは、チームがその先行指標を八〇%以上コントロールできることを意味します。第1の規律で行ったように、このテストでも、他のチームに大きく頼らなければならない指標は排除します。

コントロール不能な先行指標のアイデアは、下のように修正します。

▶ 先行指標に影響を及ぼせる指標

影響を及ぼせない先行指標	影響を及ぼせる先行指標
飲食の利益を20%伸ばす	プレミアムバー・パッケージのアップセールスを増やし、パーティのオプションを改善する
元の顧客を取り戻す	別のホテルに移った顧客とコンタクトをとり、説得力のある提案で再び契約を結ぶ
コンベンションの契約を増やす	コンベンションに関する教会の月例ミーティングに積極的に参加する

理想的な先行指標とは、遅行指標を動かし、なおかつ他のチームに必要以上に頼らずに実行できる活動です。

❸ 継続的なプロセスか、一回限りの活動か？

理想的な先行指標は、習慣として定着し、遅行指標を継続的に向上させていく行動の変化です。何かの活動を一回すれば大幅な改善が見込まれても、その改善が一時的でしかないのなら、それは行動の変化ではなく、チームの文化はほとんど変わりません。

下のリストは、あるホテルのチームの活動例です。比べてみると継続的プロセスと一回限りの活動の違いがわかるでしょう。

一回限りの活動は一時的には変化を生み、場合によっては大きな変化も期待できますが、チームが改善を継続的に進めていくには、行動が習慣化しなければなりません。

もし、選んだ先行指標が一回限りの活動ばかりだとしたら、候補リストを見直して、継続的なプロセスとなるものといくつか入れ替えましょう。

❹ リーダーの試合か、チームの試合か？

チームの行動が先行指標を動かさなくてはなりません。

▶ 継続的なプロセスと、一回限りの活動

継続的プロセス（良い例）	一回限りの活動（悪い例）
当ホテルのナビゲーション機能、セットアップのカスタマイズができることをすべての顧客に説明する	ナビゲーションシステムをアップグレードする
バンケットテーブルのセッティングチェックリストの100%遵守を維持する	バンケットテーブルのセッティング基準に関するトレーニングを行う
商工会議所のすべての会議に出席し、市に進出した企業とコンタクトをとる	商工会議所に入る

先行指標を動かせるのがリーダーだけだったら、あるいはチームのメンバー一人だけだったら、チームはすぐに試合に無関心になるでしょう。残業時間を減らす、スケジューリングを改善する、というような先行指標のアイデアは、ほとんどの組織ではリーダーの試合になってしまいます。先行指標は、それがチームの試合になって初めて、チームをＷＩＧに結びつけることができます。

⑤ 測定できるか？

先行指標のデータは取得しにくいのが特徴ですから、ほとんどのチームは先行指標を追跡するシステムを備えていません。しかし、遅行指標を成功に導くには、必ず先行指標を確実に測定しなければなりません。ＷＩＧが本当に最重要目標であるならば、新しい行動を測定する方法を何としてでも見つけましょう。

⑥ 測定する価値はあるか？

インパクトはあっても、それ以上に測定に労力をとられるのなら、あるいは予想外の重大な悪影響があるのなら、このテストには不合格です。

効果的な先行指標かを判断する6つの基準

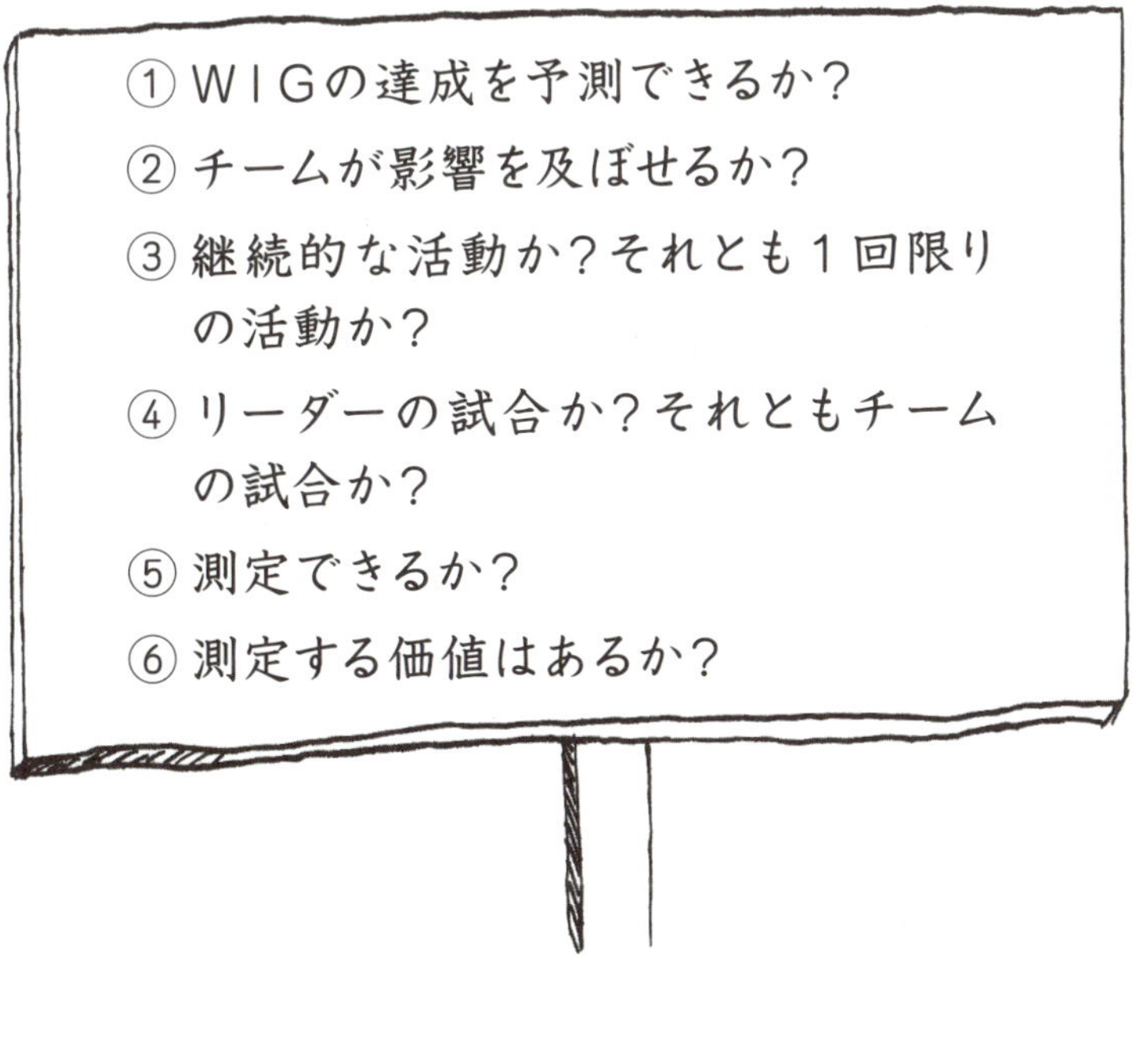
① ＷＩＧの達成を予測できるか？
② チームが影響を及ぼせるか？
③ 継続的な活動か？それとも１回限りの活動か？
④ リーダーの試合か？それともチームの試合か？
⑤ 測定できるか？
⑥ 測定する価値はあるか？

11 STEP 4 チームで実践する 先行指標の決定

いよいよ、明確でやりがいのある先行指標を決定します。

先行指標を正式に決める前に、次の質問に答えてください。

1 測定するのはチームのパフォーマンスか、個人のパフォーマンスか?

どちらを選択するかで、スコアのつけ方とスコアボードのデザインが変わります。ひいては、チームのアカウンタビリティのあり方も変わります。

個人のパフォーマンスの結果を追跡する場合は、個々人のアカウンタビリティは最高度に達しますが、全員に同じレベルのパフォーマンスが求められるので、試合運びが難しくなります。

逆にチームの結果を追跡すると、個人のパフォーマンスにばらつきが出ますが、チームとして結果を達成することはできるでしょう。

▶ 個人とチームのスコア

個人のスコア	チームのスコア	
・メンバー全員が先行指標を達成しなければならない ・個人単位で測定すると一人ひとりのアカウンタビリティが高くなる ・スコアは詳細につける	・パフォーマンスの低いメンバーがいても、チームとして勝利できる ・パフォーマンスの高いメンバーの結果が低いメンバーの結果を補う	毎日測定
・目標を達成できない日があっても、週を通せば個人としては勝利できる ・全員のパフォーマンスが揃って初めてチームとして勝利できる ・スコアは詳細につける	・目標を達成できない日があっても、週を通せばチームとしては勝利できる ・パフォーマンスの高いメンバーの結果が低いメンバーの結果を補う ・チームとして勝つか負けるかになる	毎週測定

② 先行指標を測定するのは毎日か、週一回か？

チームの意欲を最大限に引き上げるには、メンバー全員に少なくとも週一回は先行指標のスコアを見せる必要があります。そうしないと関心は一気に薄れてしまいます。

毎日測定すれば、毎日同じパフォーマンスが全員に求められ、アカウンタビリティもおのずと高まるでしょう。週一回の測定にする場合は、一週間の全体的な結果が達成できていれば、日々のパフォーマンスにばらつきが出てもかまいません。

同じ先行指標を毎日または毎週、個人で測定する場合とチームで測定する場合は、下図のようになるでしょう。これらの事項を考慮して、先行指標の測定方法を決めるとよいでしょう。

③ 定量的基準は何か？

「どのくらいの数量を、どのくらいの頻度で行うのか？」ということです。

WIGの緊急度と重要度に基づいて決めればよいでしょう。試合に勝つために、チームを奮起させる数値を選ばなければなりません。チームがすでに行っている活動を測定するなら、パフォーマンスのレベルが現時点をはるかに上

▶ 先行指標の内容と測定頻度

個人のスコア	チームのスコア	
社員は、一人1日20人の顧客に丁寧な挨拶をし、サポートを提供する	チームで1日100人の顧客に丁寧な挨拶をし、サポートを提供する	毎日測定
社員は、一人週100人の顧客に丁寧な挨拶をし、サポートを提供する	チームで週700人の顧客に丁寧な挨拶をし、サポートを提供する	毎週測定

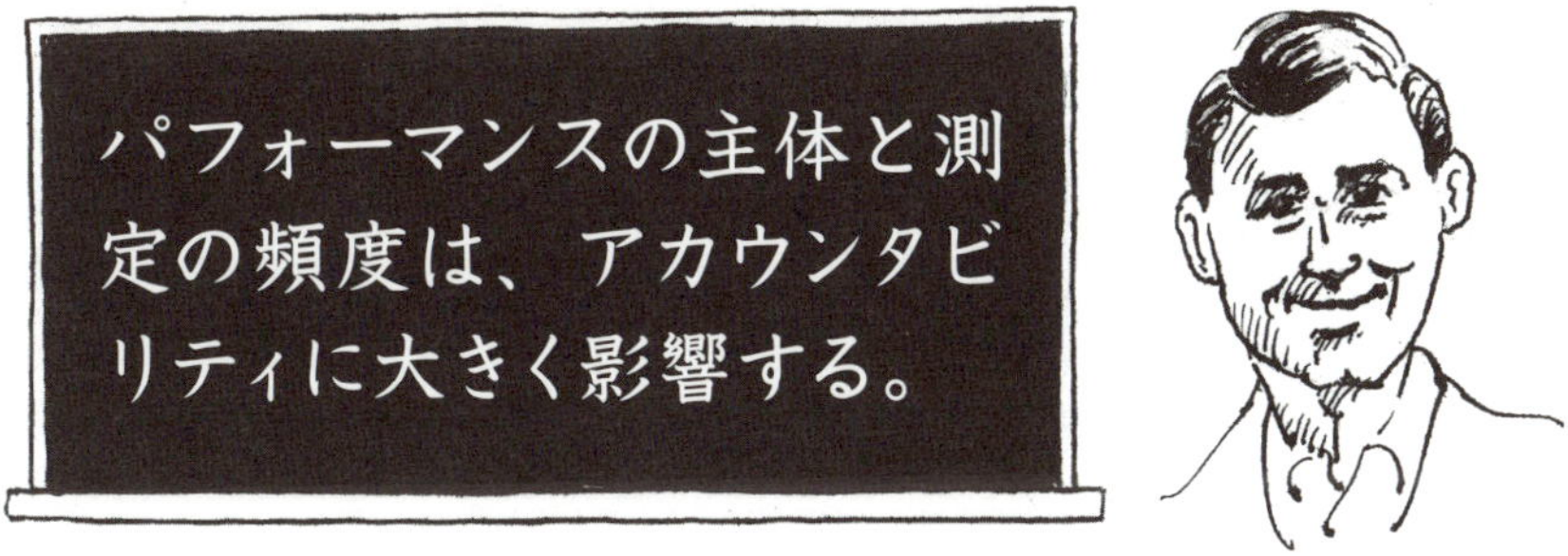
パフォーマンスの主体と測定の頻度は、アカウンタビリティに大きく影響する。

回ることが必須条件となります。そうしないと、「すでにやっていることをしていながら、違う結果を期待する」といういつものパターンを繰り返すだけとなってしまいますから、気をつけてください。

❹ 定性的基準は何か？

具体的に言えば、「どこまで完璧に行うのか？」ということです。

すべての先行指標がこの質問に答えられるわけではありませんが、インパクトの強い先行指標は、頻度や数量だけでなく、チームのパフォーマンスの質的レベルの基準も設定するものです。

❺ 簡単な動詞を使っているか？

簡単な動詞を使うことで、意識をすぐに行動に向けることができます。

❻ シンプルか？

先行指標は可能な限り少ない文字数で述べるようにしてください。

「ＷＩＧを達成し、お客様の期待を上回るために、私たちは……」といった前置きは不要です。先行指標だけを述べればいいのです。明確なＷＩＧができているなら、前置き部分で言いたいことのほとんどはそこに含まれています。

インパクトの強い先行指標にしたいのなら、数値で表すことと、簡潔な表現は欠かせない。

▶WIGに対する先行指標の例

WIG	先行指標
四半期末までに200万ドルの売上を追加する	週500件以上の営業電話をかける
会計年度末までに入札の成功率を75%から85%に引き上げる	すべての提案書が記述基準を98%以上満たしているか確認する
２年以内に顧客ロイヤリティスコアを40から70にする	毎週のサーバー可用率99%を達成する
今年中に在庫回転数を８回から10回にする	すべての特別提供品について取引先に電子メールを３回送付する

Practice

例を参考にして、あなたも簡潔な表現で、定量的な基準を含んだ先行指標に書き直してみましょう。

WIG	先行指標

チェックリスト

チームの先行指標がＷＩＧの遅行指標を動かせるかどうか、以下の項目をチェックして確かめてみましょう。

- □ チームとその他の人々から、先行指標について多くの意見・アイデアを集めたか？
- □ 先行指標は目標達成を予測できるか？　チームのＷＩＧの達成に向けてメンバーが実行できる最もインパクトの高い活動か？
- □ 先行指標はチームが影響を及ぼせるか？　チームは先行指標を動かす力をもっているか？
- □ 確実に測定できる先行指標か？　初日から先行指標のパフォーマンスを追跡できるか？
- □ 測定する価値のある先行指標か？　データを取得するコストが必要以上にかからないか？　先行指標が予想外の悪影響をもたらすことはないか？
- □ 先行指標は簡単な動詞で表現されているか？
- □ すべての指標は数値で示せるか？　質的基準は含まれているか？

先行指標ビルダー・ツール

1. 最重要目標（ＷＩＧ）と遅行指標を記入する。
2. 先行指標のアイデアをブレーンストーミングする。
3. それらのアイデアを測定する方法をブレーンストーミングする。
4. ＷＩＧに対するインパクトの強さで順位をつける。
5. 前ページのチェックリストに照らしてアイデアを評価する。
6. 最終的な先行指標を書く。

最重要目標（WIG）
遅行指標

先行指標のアイデア	測定方法	順位

最終的な先行指標

ある五つ星ホテルチェーン（第2の規律）

WIGが決まったチームは、先行指標を決めることにしました。どのように決めたのか見てみましょう。

イベント・マネジメント・チームはブレーンストーミングの結果、左のような先行指標案が出てきました。

> **イベント・マネジメント・チーム**
> **WIG：12月31日までに企業イベントの売上を2,200万ドルから3,100万ドルに増やす**
>
> **先行指標のアイデア**
> - ◉会場下見件数を増やす
> - ◉取引のない地元企業とのコンタクトを開発する
> - ◉既存の顧客企業に対して、追加のイベント開催の機会を探る
> - ◉企業イベントの見本市に参加する
> - ◉パーティの食品メニューを改善する
> - ◉プレミアムバー・パッケージのアップセールスを増やす
> - ◉視聴覚パッケージの売上を伸ばす
> - ◉より質の高い提案を開発する
> - ◉会議プランナー協会に加入し、会議に出席する
> - ◉他のホテルに移ってしまった以前の顧客企業を取り戻す

可能性を検討する

まず、ブレーンストーミングで先行指標のアイデアをできるだけ多く出します。

インパクトによる順位づけ

先行指標の候補が出揃ったら、チームのWIGに最も大きなインパクトを与えそうなアイデアを選び、結果に対するインパクトの大きさ順で順位をつけました。上位三つは次の①～③になりました。

① 会場の下見件数を増やす

チームのこれまでの経験から、顧客に営業をかけてホテルの下見に来てもらえれば、イベントの契約成立の確率が格段に上がることがわかっているので、下見件数を増やすことはとても重要です。

② プレミアムバー・パッケージのアップセールスを増やす

スタンダード・パッケージを検討している顧客にプレミアムバー・パッケージを提案します。プレミアムバー・

▶影響を及ぼせる先行指標と影響を及ぼせない先行指標

影響を及ぼせない先行指標	影響を及ぼせる先行指標
飲食の利益を 20%伸ばす	プレミアムバー・パッケージのアップセールスを増やし、パーティーのオプションを改善する
元の顧客を取り戻す	別のホテルに移った顧客とコンタクトをとり、説得力のある提案で再び契約を結ぶ
コンベンションの契約を増やす	コンベンションに関する協会の月例ミーティングに積極的に参加する

パッケージに含まれる商品は利幅が大きいので、このオプションにアップグレードするイベントが増えれば、売上に加えて利益も増加します。

❸より質の高い提案を開発する

提案はセールス・プロセスの最終段階であり、見込み客がこの段階まで進めば、契約をとれる可能性が高くなります。質的基準のチェックリストを作成し、個々の提案をチェックリストに照らして確認します。

上位のアイデアをテストする

影響を及ぼすとは、チームがその先行指標を八〇％以上コントロールできることを意味します。第1の規律で行ったように、このテストでも他のチームに大きく頼らなければならない指標は排除します。その結果、チームではコントロール不能な先行指標のアイデアを表のように修正しました。

チームは下のように、一回のプロセスを継続的プロセスに変えました。この表を見ると、継続的プロセスと一回限りの活動の大きな違いが明らかになることがわかります。

この先行指標は、さらにWIG達成を予測でき、チームの試合であり、測定でき、またその価値があります。つまり、チームが考えた先行指標は、どれもテストに合格しました。チームは、このテストをすることによって、ほぼすべての会場の下見で効果的なセールス提案ができることに気づきました。そこで、会場の下見の件数を増やし、セールス提案によるフォローアップにフォーカスすることを決めたのです。

成果物

第2の規律の成果物は、「営業員は、一人につき毎週二社に質の高い会場案内を行う」、「全イベントの九〇%でプレミアムバー・パッケージをアップセールスする」という二つの先行指標です。

イベント・マネジメントチームは、第2の規律によって、次ページのようなチームのパフォーマンスを上げ、かつホテルに大きな結果をもたらす明確で簡潔、そして測定可能な戦略を立てることができたのです。

▶継続的なプロセスと、一回限りの活動

継続的プロセス（良い例）	一回限りの活動（悪い例）
当ホテルのナビゲーション機能、セットアップのカスタマイズができることをすべての顧客に説明する	ナビゲーションシステムをアップグレードする
バンケットテーブルのセッティングチェックリストの100％遵守を維持する	バンケットテーブルのセッティング基準に関するトレーニングを行う
商工会議所のすべての会議に出席し、市に進出した企業とコンタクトをとる	商工会議所に入る

▶WIGと先行指標

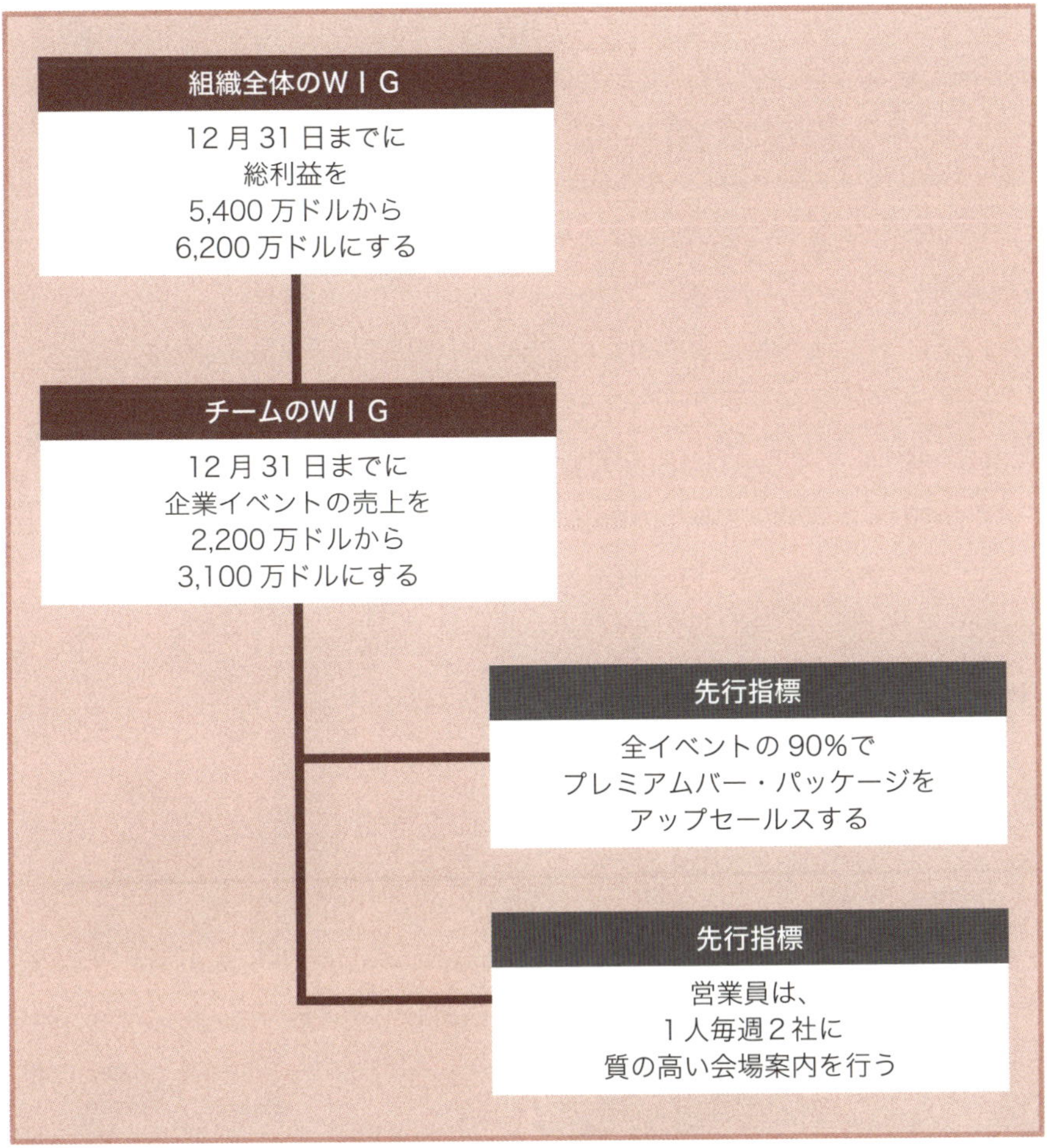
組織全体のWIG
12月31日までに
総利益を
5,400万ドルから
6,200万ドルにする
チームのWIG
12月31日までに
企業イベントの売上を
2,200万ドルから
3,100万ドルにする
先行指標
全イベントの90%で
プレミアムバー・パッケージを
アップセールスする
先行指標
営業員は、
1人毎週2社に
質の高い会場案内を行う

第3の規律

スコアボードが行動を変える！

話し合いの結果、WIGにインパクトを与えられる先行指標が決まった。

一つは、展示会に来てくれた見込み顧客を週に二社訪問して、提案を行うこと。

もう一つは、既存顧客に新商品の提案をするときは、必ず利用期間に応じた優遇オプションを勧めることだ。

やるべきことが明確になったメンバーたちは、やる気になった
が、こうも考えていた。

この指標は良いと思うけど、継続できるかどうかが問題ね。

またいつもみたいに、最初は盛り上がるけど、尻すぼみになるのも時間の問題じゃないかしら…。

一ヶ月後。メンバーたちは竜巻の中に戻っていた。

おーい、先行指標はどうなってる？

今週は例のイベントで手一杯なんです。それでも見込み顧客を訪問しないとダメですか？

えーっと…。今週はちょっと余裕がないので来週には…。

先行指標の活動は思わしくなかった。

ふぅ…

メンバーたちの状況もわかるが、これではいつもと同じだと田中さんは思った。

先行指標の活動は大事だけど、目に見える形にしないと後回しになってしまう。

それじゃあ、今までと何も変わらないじゃないか。

目標を達成できているのか確認できなければ、君たちの頑張りが無駄になってしまうことがわかったんだ。
そこで、君たちのためのスコアボードをつくろうと思う。
それなら、推移がわかるウィークリーレポートがあるじゃないですか。
月曜のミーティングで見せてくれるやつです。
そうだな。でも、あのレポートは、コーチのスコアボードなんだ。
コーチのスコアボード？
何が違うんですか？
サッカーで考えてみてほしい。
15:08
FCロメロ
AC
1
0
45
1 前半 0
後半
選手が見るのは、オーロラビジョンに表示されている得点、つまり現在の勝敗と、残り時間だ。
でも、コーチたちはボール支配率、選手の運動量、エリア別のパス成功率など、実にたくさんのデータを見ている。

沢山のデータをオーロラビジョンに表示したら、選手は混乱するだけだろう。
23:47
FCロメロ
3勝1敗
1
1 前半 0
後半
2勝2敗
0
今のウィークリーレポートはそういう感じなんだ。君たちが先行指標にフォーカスできないのも無理はない。
いつでも勝敗を確認できるシンプルなスコアボードづくりに全員で取り組んだ。
そして、チーム独自のスコアボードが完成した。
見込み顧客訪問
前田 2
秋元 1
南 2
飯野
鈴木
合計
オプション提案数
20 18 16 14 12 10 8 6 4 2 0
6月1週 6月2週 6月3週 6月4週 7月1週 7月2週 7月3週 7月4週
いつでも見られるように、スコアボードをオフィスの壁に貼った。
そして、毎週金曜日にその週の結果をスコアボードに記入する。
それを行うのはリーダーではなく、メンバー自身だ。
オプション提案数
こうして、停滞していた先行指標のスコアは動きだした。
12 10 8 6 4 2 0
6月1週 6月2週 6月3週 6月4週

第3の規律
行動を促すスコアボードをつける

第3の規律は、意欲を引き出す規律です。試合に勝っているのか負けているのかがわかって初めて本気になるのです。

第3の規律は、意欲を引き出す規律です。第1の規律と第2の規律で明確で効果的な試合を用意できても、気持ちが入らなければ試合で最高のプレーはできません。勝っているのか負けているのかがわかってはじめて本気になるのです。

意欲を引き出す鍵は、大きくて見やすく、継続的に更新できるスコアボードです。これが選手に行動を促します。スコアボードをこれほど強調するのには、それなりのわけがあるのです。

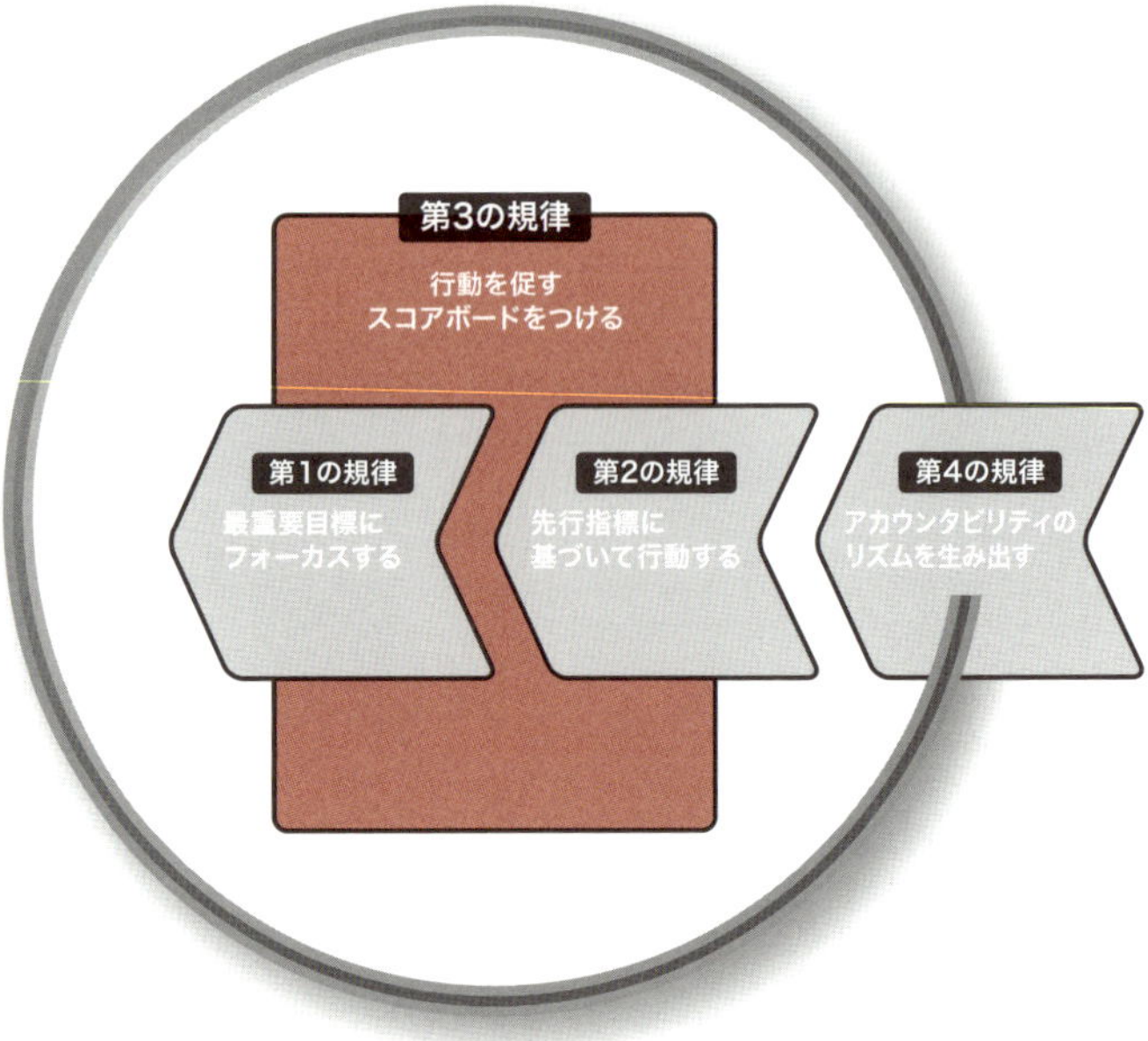

第3の規律
行動を促す
スコアボードをつける
第1の規律
最重要目標に
フォーカスする
第2の規律
先行指標に
基づいて行動する
第4の規律
アカウンタビリティの
リズムを生み出す

1 スコアボードをつけると行動が変わる

先行指標と遅行指標を頭で理解しているだけのチームと、実際にスコアを使っているチームとでは、雲泥の差があります。

スコアボードが実行できる理由

① スコアがわからなければ、人はやる気をなくす
② 勝っているのかどうか一目でわかれば、試合に身が入る

行動を促すスコアボードがなければ、チームは強くなることはできません。力が分散し、集中力が続かず、いつもの状態に逆戻りしてしまいます。

先行指標と遅行指標の推移をビジュアルなスコアボードに記録し定期的に更新しなければ、指標はたちまち竜巻に吹き飛ばされ、消えてなくなるでしょう。

つまり、スコアがわからなければ、人はやる気をなくします。逆に勝っているのかどうか一目でわかれば、試合に身が入るのです。

第3の規律では、チームの戦略的賭けである先行指標と遅行指標をスコアボードに示します。勝ち負けが一目でわかり、行動を促すスコアボードです。行動を促すスコアボードが教えてくれるチームの現在の状態とあるべき状態は、問題を解決し、決定を下すために不可欠な情報です。

2 コーチのスコアボードと選手のスコアボードは違う

第3の規律で確立したいのは、「選手のスコアボード」です。選手が一目で見てわかるスコアボードでなければ、選手が試合に身が入ることはありません。

選手のスコアボードの目的は、選手に勝ちたい気持ちを起こさせること。

選手のスコアボード

あなたは、選手が試合に本気になり、最高のパフォーマンスをしてほしいと思っているはずです。第3の規律で確立したいのは、コーチのスコアボードとはまったく異なる「選手のスコアボード」です。選手たちに、勝ちを取りにいく強い気持ちを持たせるためのスコアボードが必要なのです。

さらに、チームのメンバー自身がスコアをつけると、自分たちのパフォーマンスと目標到達の関係がはっきり見え、それまでとはまるで違った気持ちになります。すると、プレーのレベルが変化します。

チームの全員にスコアがわかるとプレーのレベルが上がるのは、自分たちが出している結果と調整を必要とする部分が見えるからだけではありません。勝ちたいという気持ちが強くなる

スコアボードに対する考え方の違い

従来の考え方	4Dx の原則
スコアボードはリーダーのためのものであり、これらのスコアボードは、膨大な量の数字で埋め尽くされた複雑なスプレッドシートで構成されている。全体像はスコアボードのどこかにあるが、すぐに見つけられる人はほとんどいない。	スコアボードはチーム全体のためのものである。実行力を高めるには、選手のスコアボードが必要だ。このスコアボードには簡単なグラフを表示し、現在地点と目指す地点がすぐにわかるようにする。勝っているか負けているか、だれでも瞬時にわかる。

からです。

スコアボードに関する従来の考え方と新しい考え方の違いをまとめてみましょう。

コーチのスコアボード

上の表を見てください。このようなスコアボードに対する従来の考え方と4Dxの考え方はまったく異なります。

データをビジュアルに見せる手法は、あなたにとってもチームにとっても目新しいことではないでしょう。実際、昔からたくさんのスコアボードをつくり、管理していたはずです。

しかしそれらはきっと複雑な表で、データのほとんどは遅行指標のはずです。過去の傾向、期末の予測、詳細な財務分析を付け加えていることでしょう。

リーダーとしてのあなたの目的に役立つことは確かですが、スコアボードに記載されているデータが、リーダーであるあなたにしかわからない複雑なデータならば、それは「コーチのスコアボード」です。

選手が本気になり最高のパフォーマンスを発揮するには、選手のスコアボードが必要になります。チームのメンバー自身がスコアをつければ、自分たちのパフォーマンスと目標到達の関係がはっきり見えてくるので、プレーのレベルが変化します。

チームの全員にスコアがわかるとプレーのレベルが上がるのは、自分たちが出している結果と調整を必要とする部分が見えるだけでなく、勝ちたいという気持ちが強くなるからです。左のページを見てください。上がコーチのスコアボードで、下が選手のスコアボードです。

二つを比べると、次のような違いがあります。

コーチのスコアボードは複雑で、データ満載ですが、選手のスコアボードはシンプルです。試合に勝っているのか負けているのかが選手にわかるデータしか表示されません。

コーチのスコアボードと選手のスコアボードでは、そもそも目的が違うのです。ですから、選手のスコアボードをつくるには、選手自身が関わらなければなりません。リーダーが一人でつくることはできないのです。

コーチのスコアボードと選手のスコアボードの違い

コーチのスコアボードは、複雑でデータが満載
選手のスコアボードはシンプルで、一目で勝敗がわかる

コーチのスコアボード

総売上							粗利益							金利・税金・償却前利益						
2/12	Bud	Var	2/8	Var	2007	Var	2/12	Bud	Var	2/8	Var	2007	Var	2/12	Bud	Var	2/8	Var	2007	Var
0	0	0	0	0	0	0	0	0	0	143	(143)	0	0	0	0	0	143	(143)	0	0
(1)	53	(54)	182	(183)	1	(2)	(0)	36	(35)	0	(0)	1	(2)	(86)	(46)	(37)	(84)	(2)	114	(28)
0	0	0	0	0	0	0	0	0	0	0	0	0	0	(61)	(66)	4	(73)	12	(11)	(51)
1,008	1,008	(71)	1,150	(142)	1,148	(137)	699	754	(55)	812	(113)	892	(137)	384	384	1	439	(54)	530	(148)
		-8.6%		-12,3%		-12.0%	69.3%	69.9%	-7.3%	70.8%	-13.9%	77.9%	-12.0%	38.1%	35.5%	-0.2%	38.1%	-12.4%	46.3%	-27.5%
899	843	(144)	700	(1)	963	(284)	486	594	(108)	489	(12)	730	(284)	242	297	(56)	218	(24)	392	(151)
		-17.1%		-0.2%		-27.4%	69.5%	70.4%	-18.2%	71.1%	-2.4%	75.8%	-27.4%	34.6%	35.3%	-18.8%	31.3%	10.8%	40.7%	-38.5%
592	382	(90)	524	68	613	(21)	422	483	(80)	361	62	459	(21)	260	276	(16)	187	73	270	(10)
		-13.1%		13.0%		-3.4%	71.3%	70.8%	-12.5%	68.9%	17.1%	74.8%	-3.4%	43.9%	40.5%	-5.7%	36.8%	38.9%	44.0%	-3.5%
879	937	(68)	840	39	828	51	607	695	(88)	582	25	539	51	354	370	(16)	292	62	235	119

コーチのスコアボードは複雑だ。データは豊富だが、よく調べなければ、チームが勝っているのかどうかわからない。

選手のスコアボード

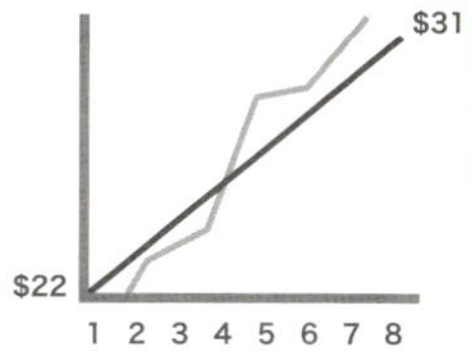

WIG

12月31日までに企業イベントの売上を2,200万ドルから3,100万ドルにする

営業員	1	2	3	4	5	6	7	平均
キム	1	1	2	2	4	X	X	2
ボブ	2	2	3	2	X	X	3	2.4
カレン	1	3	2	X	X	2	2	2
ジェフ	0	0	X	X	1	1	1	0.6
エミリー	3	X	X	4	3	2	4	3.2
リチャード	X	X	2	2	2	4	4	2.8
ベス	X	1	2	5	2	4	X	2.8
合計	7	7	11	15	12	13	14	2.3

先行指標

営業員は、一人毎週2社に質の高い会社案内を行う

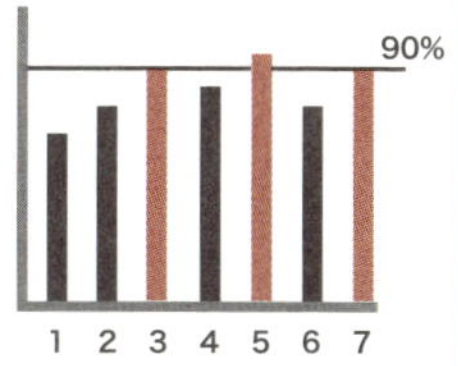

先行指標

全イベントの90%でプレミアムバー・パッケージをアップセールスする

選手のスコアボードでは、売上を伸ばす目標が黒線で示されている。グレーの線は実績を表す。チームのメンバーは、勝っているのかどうかが常にわかる。

3 行動を促す選手のスコアボードとは

次の四つの問いに従って、スコアボードが選手の行動を促せるかどうかを判断してみましょう。

① シンプルか？

選手のスコアボードはシンプルなことが重要です。選手のスコアボードには、様々なデータを盛り込まず、試合をするために必要なデータしか表示しないことです。

② すぐに見られるか？

いつも手ごわい竜巻と闘っているメンバーたちがスコアボードを見なければ、WIGと先行指標は、日常業務の慌ただしさの中で、数日とは言わないまでも数週間で忘れられてしまうでしょう。

スコアボードが掲示されていると、メンバー一人ひとりがチームの結果を気にして、何とか達成しようとします。

③ 先行指標と遅行指標が示されているか？

先行指標と遅行指標の両方を示すことができていれば、スコアボードは生きたものになります。先行指標はチームが影響を及ぼせる活動であり、遅行指標はチームが求める結果です。両方の指標を常に見ていなければ、チームはすぐに興味をなくしてしまうでしょう。先行指標と遅行指標の両方が見えていれば、自分たちが今やっていること（先行指標）、その結果として得ていること（遅行指標）を見ることができます。

先行指標に対して行った努力に応じて遅行指標が動いていくのがわかれば、自分たちの活動が結果に直結していることが実感できます。

④ 勝っているかどうか一目でわかるか？

スコアボードを見たら、勝っているのか負けているのか、瞬時にわからなければなりません。そうでなければ、それは試合のスコアボードではなく、ただのデータです。

誰かにあなたが次回提出するレポート、グラフ、スコアカードあるいはスコアボードを見せて、勝っているか負けているかをその相手が五秒以内に言えないなら、そのスコアボードは不合格です。

下の二つのグラフを見てください。左のスコアボードにはチームの進捗状況が示されていますが、これでは勝っているか負けているかわかりません。

右のグラフでは、チームのいるべき位置が山羊で示されています。このグラフを見れば負けていることがすぐにわかり、チームのパフォーマンスについて、予定からの遅れ（二週間）、目標達成は困難になりつつあること、成績が横ばいになり始めていることなど、重要なことを把握できます。

勝っているかどうかを知るには、現在の位置と現在いるべき位置がわからなければならないのです。

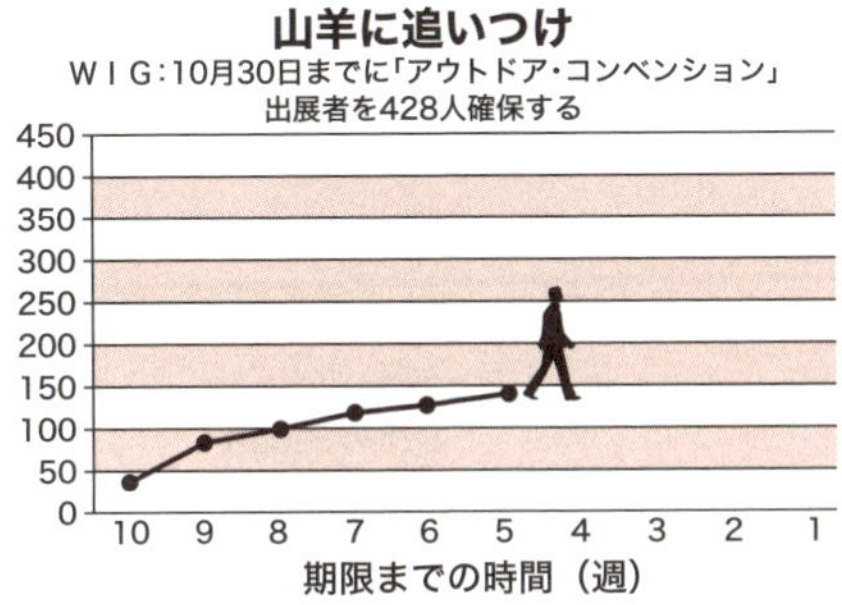
山羊に追いつけ
WIG：10月30日までに「アウトドア・コンベンション」出展者を428人確保する
450
400
350
300
250
200
150
100
50
0
10 9 8 7 6 5 4 3 2 1
期限までの時間（週）

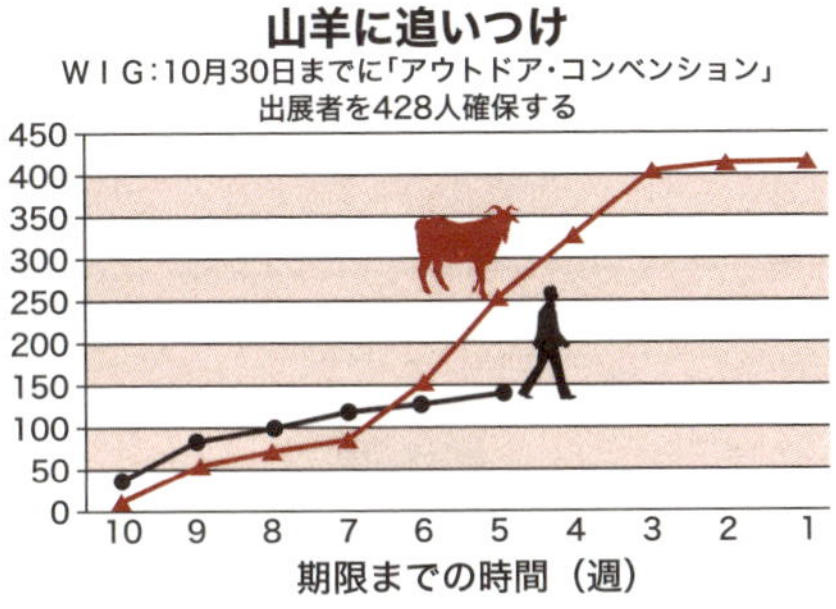
山羊に追いつけ
WIG：10月30日までに「アウトドア・コンベンション」出展者を428人確保する
450
400
350
300
250
200
150
100
50
0
10 9 8 7 6 5 4 3 2 1
期限までの時間（週）

選手の行動を促すスコアボードの判断基準

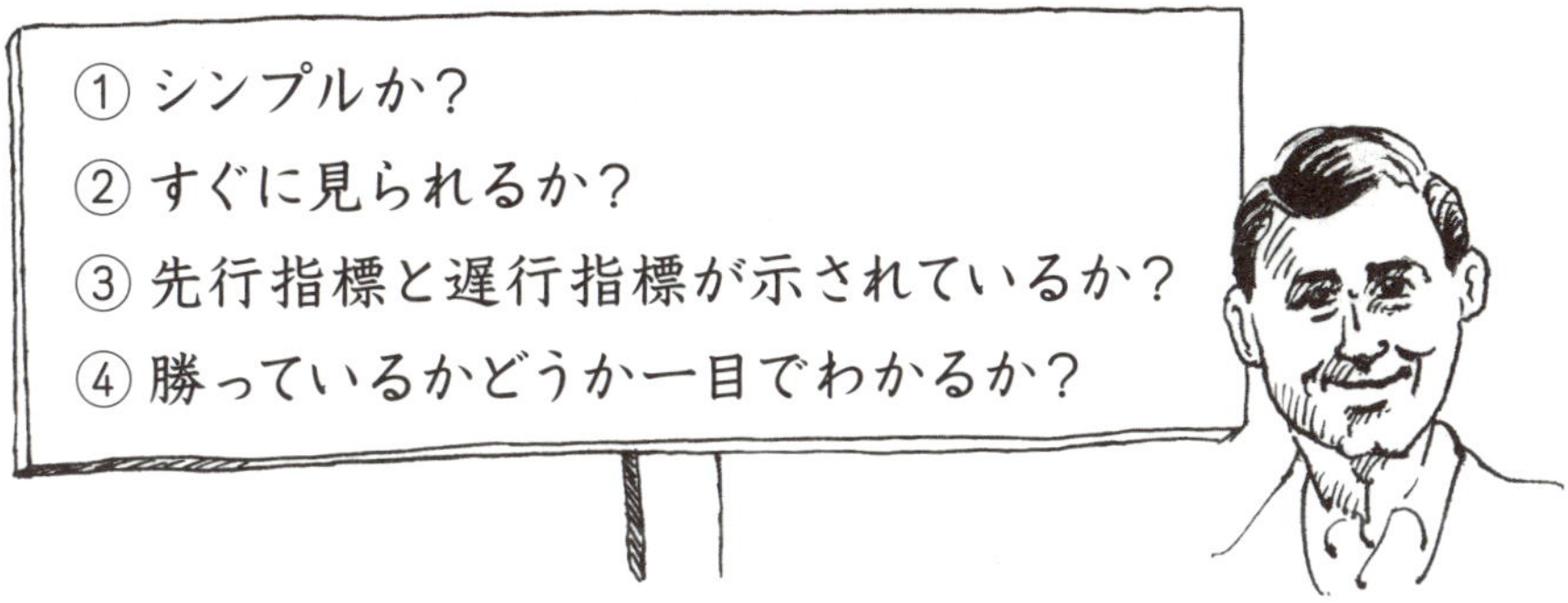
① シンプルか？
② すぐに見られるか？
③ 先行指標と遅行指標が示されているか？
④ 勝っているかどうか一目でわかるか？

4 選手に勝ちたいという気持ちを起こさせるスコアボード

チームの意欲を掻き立てるのは、スコアボードに表れる試合の推移です。

意欲を掻き立てるのはスコアボードではない

第1と第2の規律と同じように、第3の規律もほとんどのリーダーにとっては直感に反するでしょう。あなたの直感はあくまでコーチのスコアボードをつくることで、選手用ではないからです。

とはいっても、行動を促すのは実はスコアボードではありません。チームがスコアボードをつくり、それを活用していても、チームの意欲を掻き立てるのは、結局のところはスコアボードに表れる試合の推移です。

何かのスポーツのファンが「昨夜の試合を見た？ 素晴らしいスコアボードだったなあ！」などと言ったりはしません。スコアボードは絶対に必要ですが、ファンの興味を引きつけるのは試合そのものなのです。

勝っているという実感が意欲を生む

日常業務という竜巻に必死に対応していても士気が上がらない理由の一つは、勝っていると感じられないことです。竜巻の中だけで仕事をしているチームは、日々生き残ることだけに全精力を傾けています。勝つためのプレーではなく、負けないためのプレーをしているのです。それではパフォーマンスに表れる結果は、おのずと違ったものになります。

勝てる試合にするための秘訣は、日々スコアボード上で変化する先行指標と遅行指標の関係です。先行指標によって遅行指標が動くことが結果となって表れ始めると、チームは勝っていることを初めて実感し、ほとんど興味を示していなかった人さえ意欲的になります。

チームのメンバーの意欲が高まるのは、組織やリーダーが勝っているからではありません。自分たちが勝っているからなのです。

結果が意欲を生む

勝っていることに気づき始めると、チームの士気は誰が見ても明らかなほど上がります。多くの人は、意欲が結果を生むと信じているかもしれませんが、結果が意欲を生んでいるのです。

自分が勝っていると思うときほど、士気と意欲を刺激するものはありません。それは意欲を引き出すと一般的に思われている給与や福利厚生、職場の雰囲気がよいか、あるいは上司とウマが合うか、といった要因よりも、意欲を高めるパワフルな要因になります。

いくら叱咤激励で士気を高めようとしても、メンバーの動機づけにほとんど効果はないでしょう。本当に重要な目標を実行し、達成することから生まれる満足感のほうがはるかに士気を高めるのです。

タイプを選ぶ

測定する指標をはっきりと表示し、一目でわかるスコアボードになるように、チームに適したタイプを選びます。

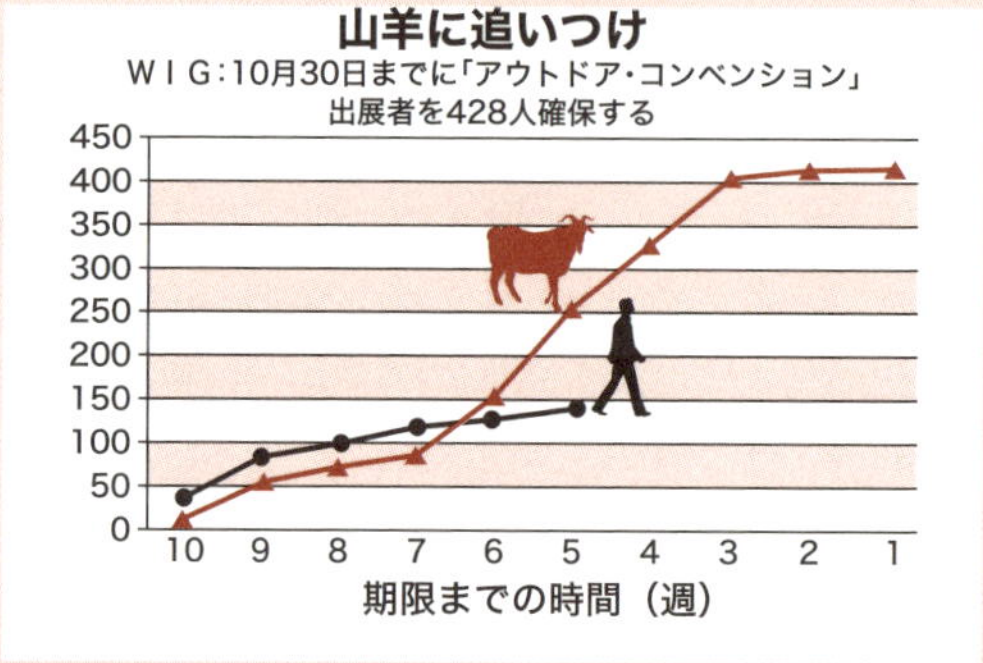
山羊に追いつけ
WIG:10月30日までに「アウトドア・コンベンション」
出展者を428人確保する
450
400
350
300
250
200
150
100
50
0
10 9 8 7 6 5 4 3 2 1
期限までの時間（週）

① 折れ線グラフ

遅行指標を表示するスコアボードは、折れ線グラフが圧倒的に効果的である。「いつまでにXからYにする」が一目でわかるからだ。このグラフでは、期限までにYに到達したいならば、現時点でいなければならない位置を山羊で表し、勝っているかどうかがすぐにわかる。

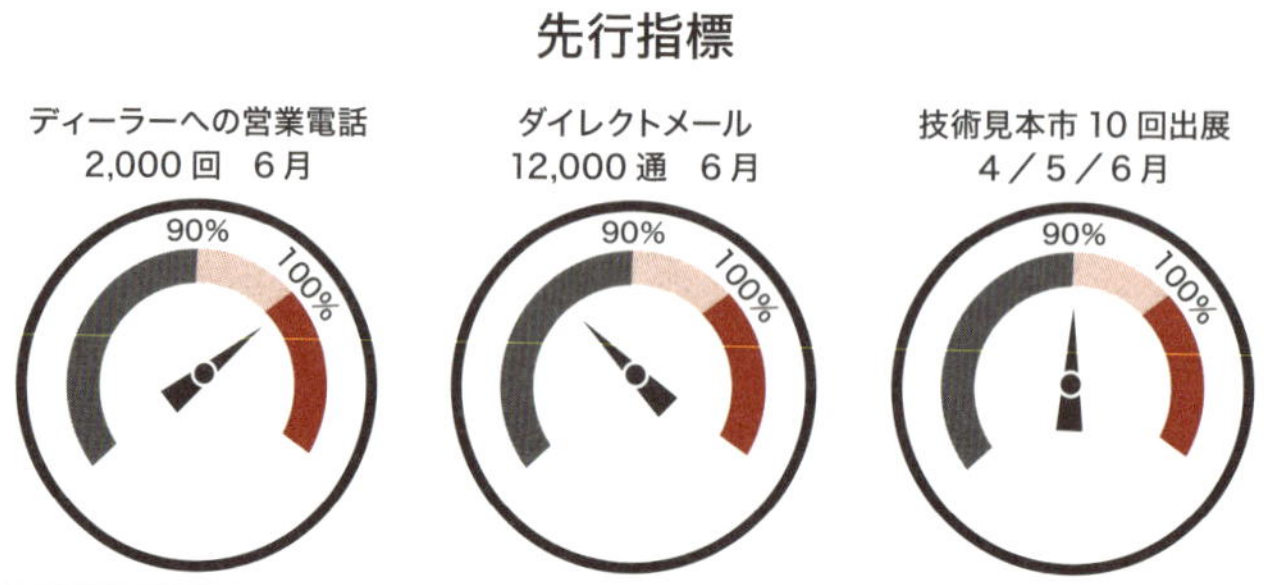
先行指標
ディーラーへの営業電話
2,000回　6月
ダイレクトメール
12,000通　6月
技術見本市10回出展
4／5／6月
90%
100%

実績	差
2,169	+169
目標	差%
2,000	+8.45%

実績	差
10,259	–1,750
目標	差%
12,000	–17.07%

実績	差
9	–1
目標	差%
10	–10%

② スピードメーター

自動車のスピードメーターのようなこのスコアボードは、指標の状態をわかりやすく示す。時間の指標（サイクルタイム、処理スピード、検索時間など）に適している。

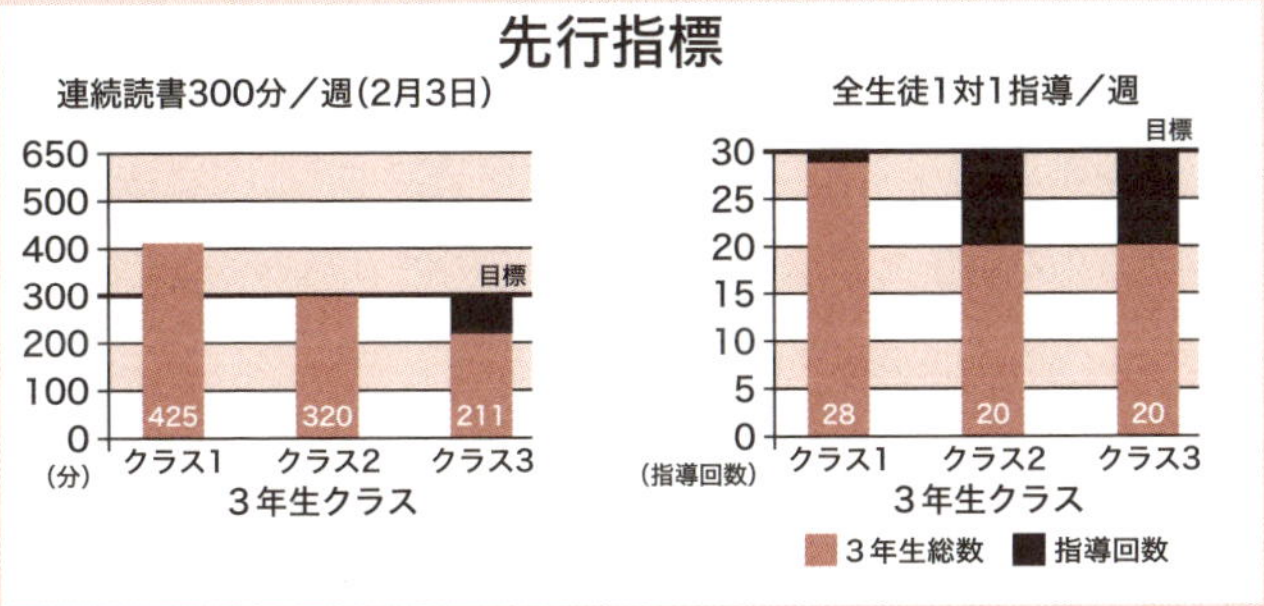
先行指標
連続読書300分／週(2月3日)
650
500
400
300
200
100
0
(分)
目標
425
320
211
クラス1
クラス2
クラス3
3年生クラス
全生徒1対1指導／週
目標
30
25
20
15
10
5
0
(指導回数)
28
20
20
クラス1
クラス2
クラス3
3年生クラス
3年生総数
指導回数

③ 棒グラフ

棒グラフは、チームまたはチーム内のグループのパフォーマンスを比較する場合に効果的だ。

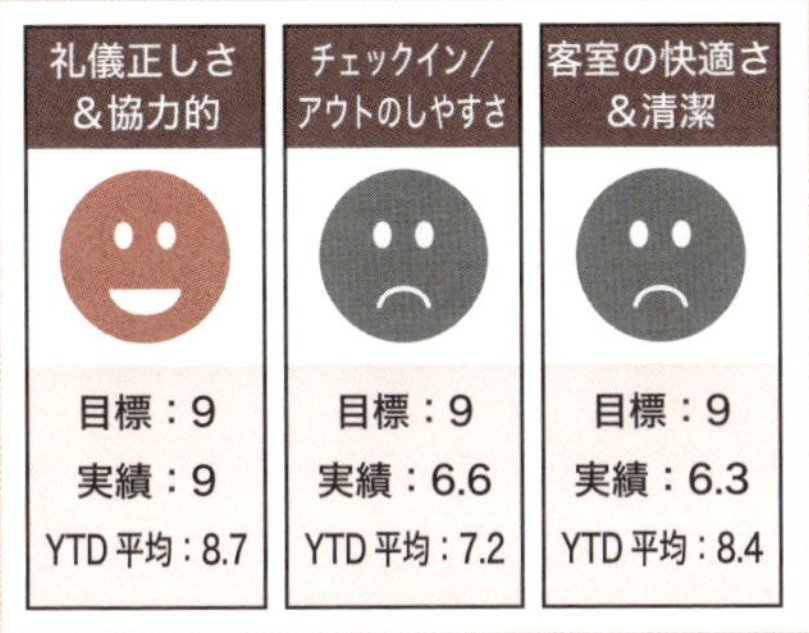
礼儀正しさ
&協力的
目標：9
実績：9
YTD 平均：8.7
チェックイン/
アウトのしやすさ
目標：9
実績：6.6
YTD 平均：7.2
客室の快適さ
&清潔
目標：9
実績：6.3
YTD 平均：8.4

④ 信号

信号は、信号の３色や点滅を使ったチャートで、プロセスが軌道に乗っているときは緑、軌道から外れそうなときは黄色、軌道から外れたときは赤で表示される。このタイプのスコアボードは、先行指標の状態が一目でわかるメリットがある。

チームで、それぞれの指標にはどのようなタイプのスコアボードが適しているか話し合いましょう。

チームのメンバー一人ひとりが自分用のスコアボードをつくってみましょう。スコアボードに名前をつけたり、写真を貼ったり、絵をかいたりしてカスタマイズすれば、それが自分のものになります。自分だけのスコアボードがあると、自然と身が入り、結果に対する責任感も強くなるのです。

6 STEP 2 チームで実践する

スコアボードをデザインする

スコアボードのタイプを決めたら、次の四つの質問を頭においてスコアボードをデザインします。

① シンプルか？

対前年比、将来予測など、さまざまなデータを加えたくなる欲求を抑えて、スコアボードが複雑にならないようにします。竜巻の中でチームの意欲を維持する鍵は、余計な情報に目が逸れないように、スコアボードをシンプルにすることです。

② チームの全員がすぐに見られるか？

スコアボードのすぐ近くまで行って、目を凝らさなければ結果がわからないようでは効果がありません。スコアボードは、メンバー全員の目に入りやすい（あるいは、ほかのチームにも見える）場所に、見やすい大きさで掲示すると、試合に対する意識を維持するのに役立ちます。

③ 先行指標と遅行指標の両方が含まれているか？

スコアボードには、実績と目標の両方を示して、チームが「現在いる位置」だけでなく、「現在いるべき位置」もわかるようにします。

次ページの例のように一カ月間に生産した個数しか書いていないスコアボードでは、勝っているか負けているかわかりません。目標個数と、目標との差（プラスかマイナス）も表示すれば、計算の手間が省けます。

④ 勝っていることが一目でわかるか？

誰が見ても勝っているか負けているかを五秒以内に言えるスコアボードをデザインします。大事な情報を文字の大きさや色使いなどで強調するだけで、格段にわかりやすく、見やすくなります。

また、目標のラインを主観的に引いてかまいません。ただし、目標ラインははっきり見えるように引き、勝っているかどうかを毎日確認できるようにします。

良い例

5月末日の目標個数	105
実際の個数	97
増（減）	(08)

悪い例

5月末日の個数	97

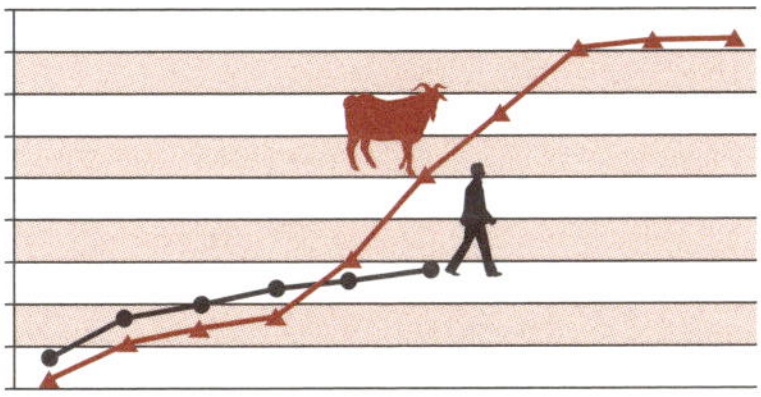

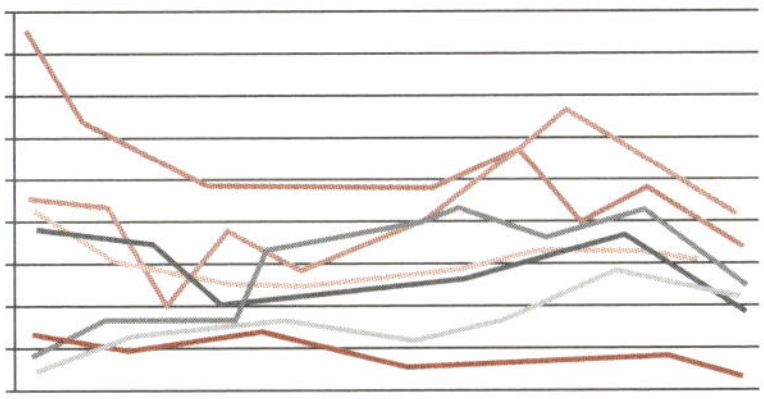

左のスコアボードなら、勝っているか負けているかが一目でわかるが、右のスコアボードには変数のデータがありすぎて、よく見ないと何もわからない。

チームでスコアボードをどのようなデザインにするか話し合ってみましょう。できるだけ多くメンバーの意見を取り入れて、楽しみながら取り組んでください。アートのセンスがあるメンバーがいたら、その人をデザインのリーダーにしてもいいでしょう。

シンプルか、チーム全員がすぐに見られるか、実績と目標が示されているか、一目で結果がわかるか、という四つのポイントをクリアしているかチェックしてください。

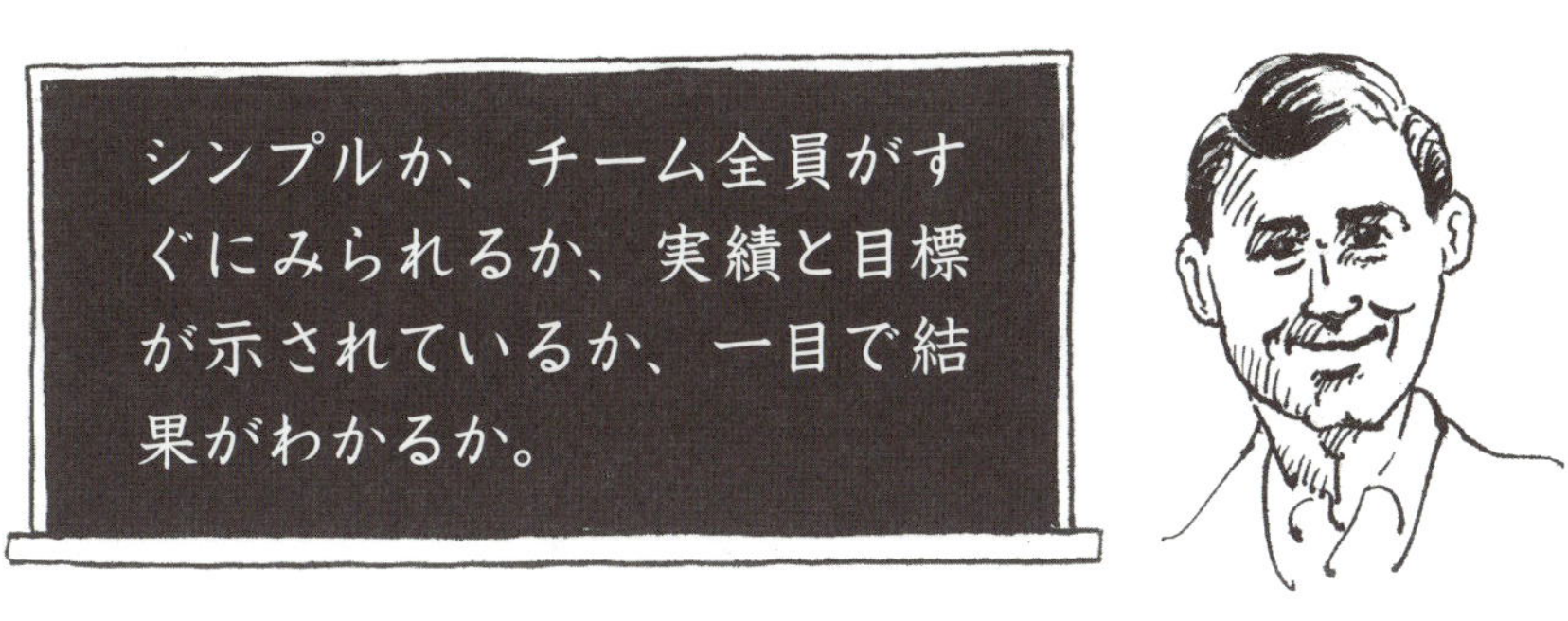
シンプルか、チーム全員がすぐにみられるか、実績と目標が示されているか、一目で結果がわかるか。

7 STEP 3 チームで実践する スコアボードを組み立てる

スコアボードを実際につくるのは、チームのメンバーに任せます。できるだけ全員のメンバーに関与してもらいましょう。

メンバーの関与度合いを高める

チームのメンバーにスコアボードづくりを任せるのは、関与の度合いが大きければ大きいほど、スコアボードは自分たちのものになり、WIGへの当事者意識が強くなるからです。

チームが勝つために、テクニックや手段によって士気を上げる必要はありません。あなた自身のこれまでのキャリアの中で、自分がやっていることに気持ちが高揚していたときのこと、朝起きて会社に行くのが待ちきれなかったときのこと、仕事に夢中になっていたときのことを思い出してください。

人は自ら参加し、結果を実感したときに、もっともモチベーションが上がるものです。

もちろん、チームの人数やその他の事情によっては、そうはいかないかもしれません。竜巻への対応が忙しくて自由になる時間がほとんどないチームなら、リーダーが中心になってスコアボードをつくってもいいでしょう。

デザインが決まったら速やかに組み立てる

デザインが決まってから組み立てまでに何日も何週間もかかると、高まっていたWIGへの意欲や当事者意識が薄れてしまいます。それでは、今までの努力が無駄になりかねません。

先行指標が決まり、スコアボードのデザインが決まったら、できるだけ速やかにスコアボードをつくり、組み立てましょう。鉄は熱いうちに打て、です。

デザインの基準が満たされていれば、スコアボードの媒体は、電光掲示板でも、ポスターやホワイトボード、黒板など、何でもかまいません。

8

STEP 4 チームで実践する

随時更新する

スコアボードは更新しなければ意味がないので、更新しやすいデザインの必要があります。

更新されなければスコアは誰にもわからない

少なくとも週一回は更新するのですから、更新しにくいスコアボードだと、竜巻の中にいるとつい更新をサボりたくなってしまいます。そうなれば、最重要目標は雑音と混乱にかき消されてしまいます。

リーダーは次のことを明確にしておきます。

- **スコアボードの管理責任者**
- **掲示する時期**
- **更新頻度**

メンバーはスコアボードの更新を余計な作業だと感じるかもしれません。しかしスコアボードが更新されなければ、スコアは誰もわかりません。先行指標が遅行指標に影響を与えているのかどうか知りようがないのです。さらに、チームワークの成果が目に見えなければ、このあとに紹介するＷＩＧセッションの効果も半減します。

更新に関して明確にしておくこと

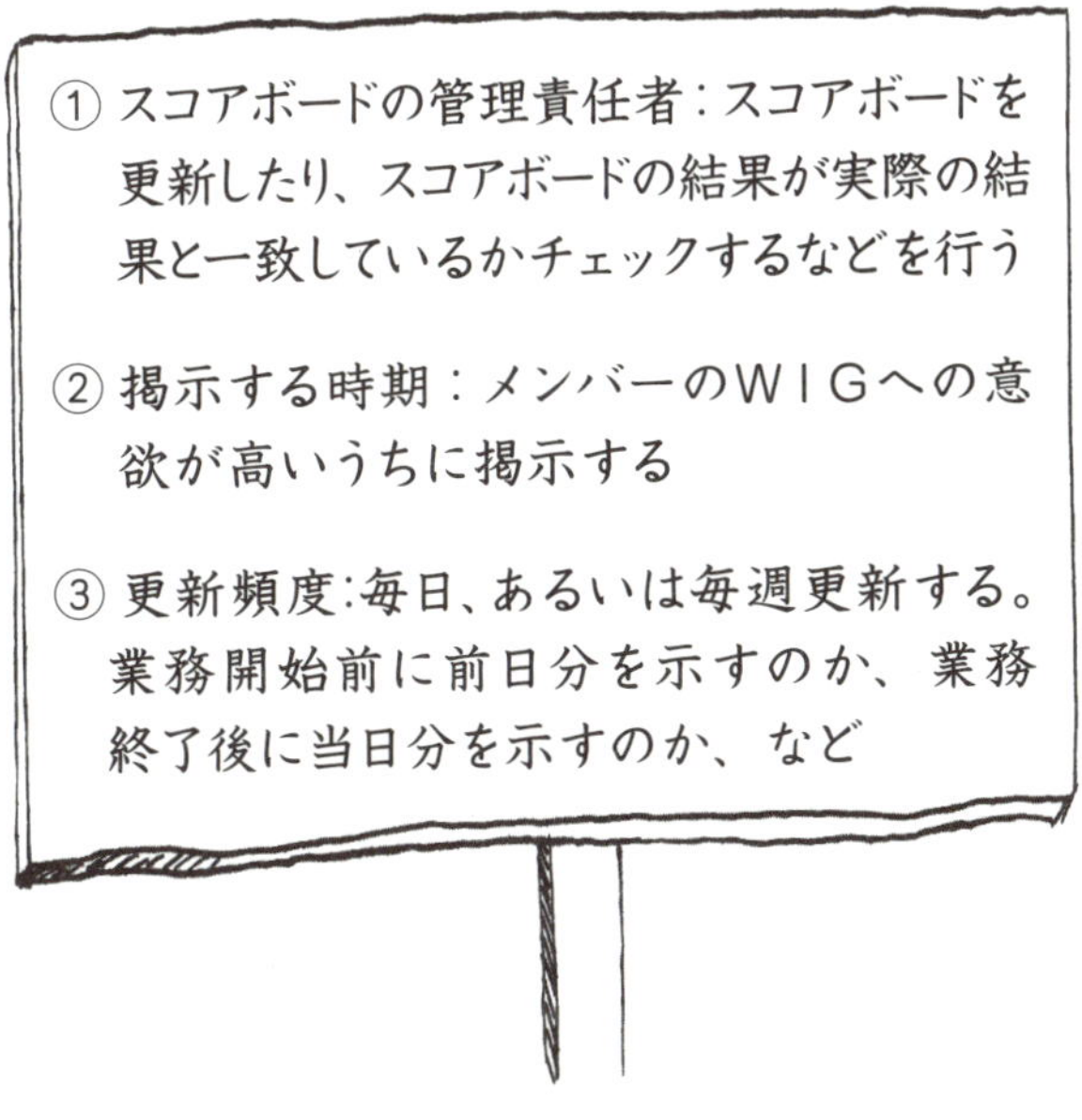
① スコアボードの管理責任者：スコアボードを更新したり、スコアボードの結果が実際の結果と一致しているかチェックするなどを行う
② 掲示する時期：メンバーのＷＩＧへの意欲が高いうちに掲示する
③ 更新頻度：毎日、あるいは毎週更新する。業務開始前に前日分を示すのか、業務終了後に当日分を示すのか、など

チェックリスト

チームのスコアボードが行動を促し、高いパフォーマンスを引き出すかどうか、以下の項目をチェックして確かめましょう。

- □ チームメンバーはスコアボードの制作に十分関わったか？
- □ スコアボードは、チームのＷＩＧ、先行指標、遅行指標を追跡するか？
- □ ＷＩＧと指標のわかりやすい一文をグラフに添えているか？
- □ グラフは実績と目標の両方を表示しているか（現在の位置と現在いるべき位置）？
- □ 勝っているか負けているかが一目でわかるか？
- □ スコアボードはチームのメンバー全員の目に入りやすい場所に掲示してあるか？
- □ スコアボードは更新しやすいか？
- □ スコアボードはパーソナライズされているか――チームらしさが表現されているか？

スコアボード・ビルダー・ツール

このテンプレートに従って、行動を促すスコアボードを作成し、チェックリストでアイデアをテストします。

チームのＷＩＧ	遅行指標
先行指標１	**グラフ**
先行指標２	**グラフ**

ある五つ星ホテルチェーン（第3の規律）

先行指標を「営業員は、一人毎週二社に質の高い会場案内を行う」、「全イベントの九〇％でプレミアムバー・パッケージをアップセールスする」としたチームが、どのようにスコアボードを作成したか見てみましょう。

スコアボードのタイプを選ぶ

はっきりとした試合が決まり、チームはスコアボードをつくる準備が整いました。

そこで、スコアボード上でWIGと遅行指標をわかりやすく表示するタイプを話し合いました。

「営業員は一人二社に質の高い会場案内を行う」という先行指標と各メンバーのパフォーマンスを追跡するというスコアボードは表にしました。

「全イベントの九〇％でプレミアムバー・パッケージをアップセールスする」という先行指標のアップセールス、その実績を追跡するスコアボードは、棒グラフにしました。

スコアボードをデザインする

チームのスコアボードのデザイン基準がどうなっているか見ていきましょう。

シンプルか：WIGと遅行指標がわかりやすい折れ線グラフで示されています。データを必要最低限に抑えて、三つの主要なデータだけであり、それぞれのデータは非常に明確で、数値で示されています。

先行指標と遅行指標の両方が含まれているか：チームのWIG、遅行指標、先行指標が明確に定義され、チームの実績と目標がはっきりと示されています。

勝っていることが一目でわかるか：チームは毎週、ラインで示される目標位置に対して実際の位置がわかるから、スコアボードを見れば行動が促されます。すべてのグラフが実績と目標を表示しているので、各先行指標に対して、さらにWIGに対しても、チームが勝っているのか負けているのかが瞬時にわかります。緑と赤を使えば、試合の推移がさらにわかりやすくなりそうです。

随時更新する

スコアボードの更新についてもチームで話し合いました。各営業員が毎週二社に対して質の高い会場案内を行う先行指標については、チームのパフォーマンスを各人が報告することにしました。メンバーはスコアボードに自分の結果を毎週記入することでスコアボードを更新します。

WIG

12月31日までに企業イベントの売上を2,200万ドルから3,100万ドルにする

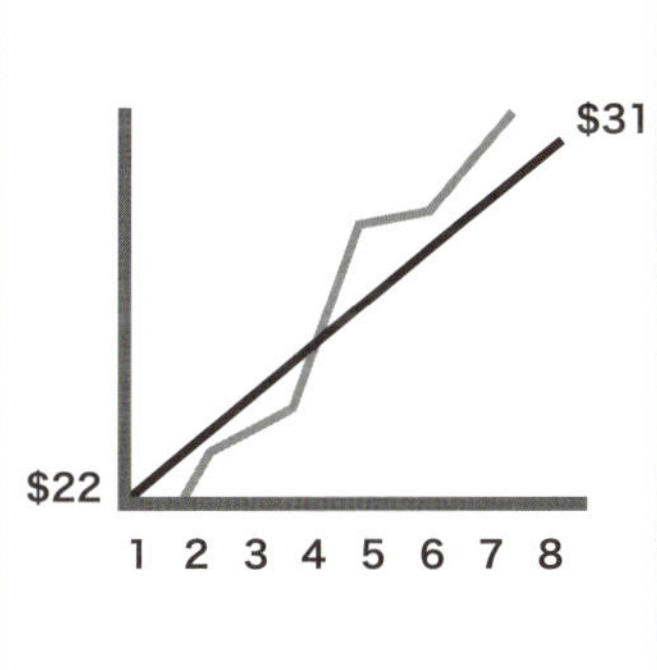

先行指標

全イベントの90%でプレミアムバー・パッケージをアップセールスする

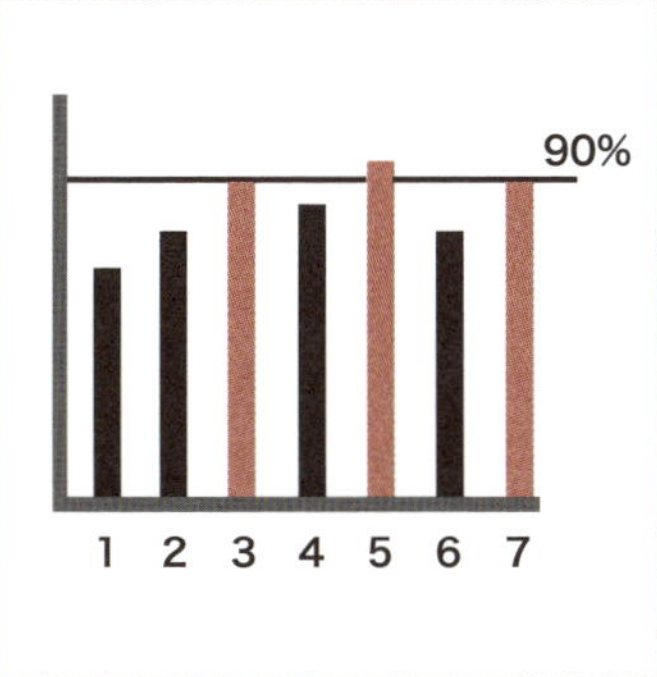

先行指標

営業員は、一人毎週2社に質の高い会社案内を行う

営業員	1	2	3	4	5	6	7	平均
キム	1	1	2	2	4	X	X	2
ボブ	2	2	3	2	X	X	3	2.4
カレン	1	3	2	X	X	2	2	2
ジェフ	0	0	X	X	1	1	1	0.6
エミリー	3	X	X	4	3	2	4	3.2
リチャード	X	X	2	2	2	4	4	2.8
ベス	X	1	2	5	2	4	X	2.8
合計	7	7	11	15	12	13	14	2.3

第4の規律

スコアを動かすプロセスを定着させる！

スコアボードを導入したら、すぐにスコアが動き始めた。
しかし、竜巻は手強い相手だ。
月末や年度末、ちょっとしたトラブルが発生しただけで、勢いを取り戻す。
そのうち、一人二人と更新を忘れるメンバーが出てきた。
先行指標のスコアのことなんだけど…
わかってますよ。
だけど、在庫切れで月末までの納品がピンチなんです。
A社との大口契約も今がヤマ場で、そんな余裕はありませんよ！

オプション提案数
メンバー自身でWIGと先行指標を決め、スコアボードをつくった。
それでもまだ足りない。
顧客訪問
秋元
南
飯野
その三週間後は、誰も更新しなかった。
まずい、このままではみんなの意識も行動も、元に戻ってしまう。
何が足りないんだろう？
田中さんは、プロセスをもう一つ追加することにした。
スコアを動かすために先週やったことと、今週はこれをやります、という報告をしてもらおう。
田中さんのチームは、毎週スコアボードを囲んで、ミーティングを行うことにした。

一つでいいから、それぞれがスコアボードに影響できる活動を教えてほしいんだ。

活動は一つだけ。それならメンバーも集中できる。

ここでも何をするかを決めるのはメンバー自身だ
私が決めるんですか？

…では、見込み客訪問は青山エリアに絞って効率的に回ろうと思います。

それはいいね。では、来週のこの時間にその結果を報告してください。

秋元さんは、どうですか？

担当顧客のB社とアポをとっています。その時に新商品のご案内もするつもりです。

私は三〇社にパンフレットを郵送して、メールでフォローします。

わかりました。それをやる時間をスケジュールに入れておいて。

このミーティングでは、前の週に約束したことを報告し、それに対するスコアを自己採点し、スコアを上げるための今週の活動を一つ約束する。

それだけを手短に報告して終わらせる。
では終わりにしましょう。
長いミーティングはメンバーたちの負担になるし、フォーカスがぼやけるからだ。
続けていくと、リーダーの仕事は、自分が何をするかではなく、
もう少し先行指標に直接インパクトを与えられる活動はあるかな？
見込み顧客へのアプローチに不安がある人はいる？言ってくれれば、同行するから。
他にも助けが必要だったら言ってください。
メンバーに何をさせるかだということに田中さんは気がついた。
今週だけで四社に提案できたなんて、すごいじゃないか！
徐々にチームが報告のリズムをつかみ、再びスコアが動き出した。

第4の規律　アカウンタビリティのリズムを生み出す

第4の規律は、アカウンタビリティのリズムを生み出すことです。

第4の規律では、定期的に実績を報告し、スコアを動かす計画を立てる循環的なプロセスを定着させます。

図でほかの三つの規律を包み込んでいるのは、チームのメンバーを束ねる規律だからです。

何度も言いますが、第1、第2、第3の規律は、試合を用意し、その試合に臨む準備までです。第4の規律を実践して初めて、チームは実際に試合をすることになります。試合の準備ができていても、アカウンタビリティが一貫していなければ、チームはベストを尽くせません。チームはやる気満々で試合に臨み、滑り出しは好調かもしれませんが、アカウンタビリティがなければ、すぐに竜巻にあおられ、緊急の対応に追われるいつものペースに逆戻りしてしまうでしょう。

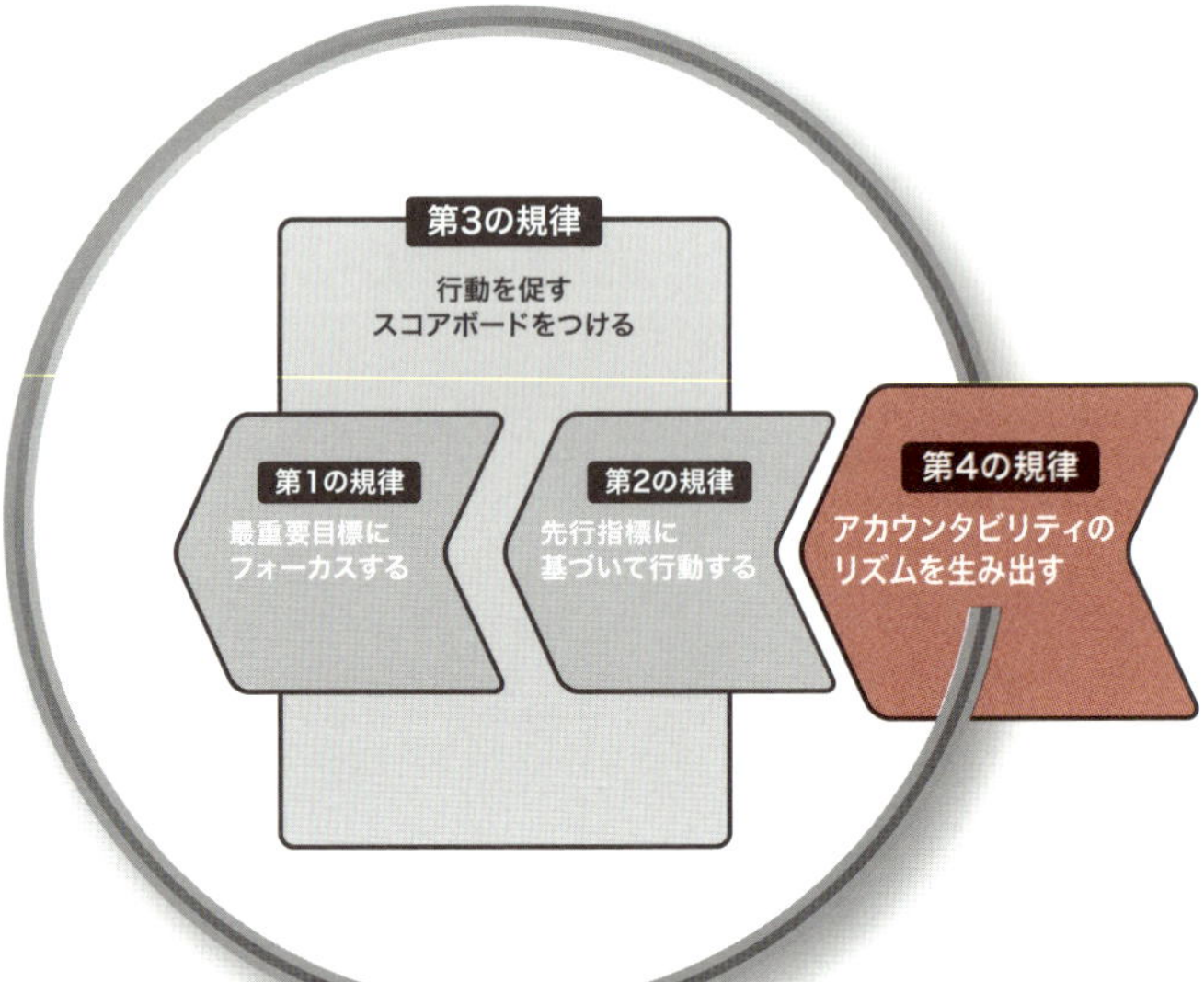

第3の規律
行動を促す
スコアボードをつける
第1の規律
最重要目標に
フォーカスする
第2の規律
先行指標に
基づいて行動する
第4の規律
アカウンタビリティの
リズムを生み出す

1 WIGセッション

WIGセッションは単に短いミーティングのように思えて、目新しさは感じないかもしれませんが、チームに最高のプレーをさせたいなら、このアカウンタビリティのリズムはどうしても必要です。そしてこのリズムをつくり定着させるには、それ相応のスキルと精度も必要になります。

第4の規律を導入して初めて、目標を確実に達成できるのです。

第1、第2、第3の規律は、フォーカス、明確さ、意欲をチームにもたらしますが、第4の規律を導入して初めて、目標を確実に達成できるようになります。

第4の規律は、チーム、メンバー一人ひとりをずっと試合につなぎとめるものです。チームのメンバーはお互いに定期的に、かつ頻繁に報告することでメンバーは結果を出すことに努力し、勝つための試合を続けていくことができるのです。

WIGの進捗をチーム全体で共有し、一人ひとりが約束をし、上司に説明するために、定期的なミーティング（セッション）を提案しています。私たちはこのミーティングのことを「WIGセッション」と呼んでいます。

アカウンタビリティを、仕事ぶりを評価される年一回の人事考課面談、あるいは、目標を達成できなかった社員を呼びつけ、説明を求めることと取り違えている人がいます。

アカウンタビリティの考え方の違い

従来の考え方
チームに課されるアカウンタビリティは常にトップダウンである。 上司と定期的に面談し、どのように仕事を進めるか、次に何にフォーカスすればよいか上司から指示される。

4Dx の原則
アカウンタビリティはチーム全体で共有する。一人ひとりが約束をし、上司に説明する責任を負う。 しかしそれよりも重要なのは、メンバーがお互いに報告し合い、結果をフォローアップすることである。

2 WIGセッションの二つのルール

WIGセッションは先行指標を動かし、WIGを達成するための活動をお互いに報告し合うことだけにフォーカスするミーティングですが、二つのルールを必ず守らなければなりません。

第4の規律は、メンバー一人ひとり、チームを試合につなぎ止める。

ルール1 WIGセッションは毎週同じ曜日の同じ時間に持つ

セッションは週一回、またはそれ以上の頻度で定期的に行います。曜日や時間帯がばらばらだと持続的なリズムを確立できないため、この一貫性は大事なポイントです。

目標を中心議題にして毎週一定の時間のミーティングを持つという簡単な規律を守るだけで、驚くほど大きな成果が生まれます。

一週間は、有意義な活動のために集中を切らさずにいられるだけの短さであると同時に、セッションで約束したことを果たせるだけの長さはあります。学校でも仕事でも週単位で活動することが多く、私たちにとって週は自然のリズムです。

たった一回飛ばしただけでも、勢いが落ちて結果に響くほど、WIGセッションは侵すことのできない神聖なものだと考えてください。たとえリーダーが休暇や出張などで不在でも、代理人がリーダーとなり、チームのパフォーマンスを継続しましょう。高いパフォーマンスを生む最大の原動力は、一貫性とアカウンタビリティなのです。

WIGセッション2つのルール

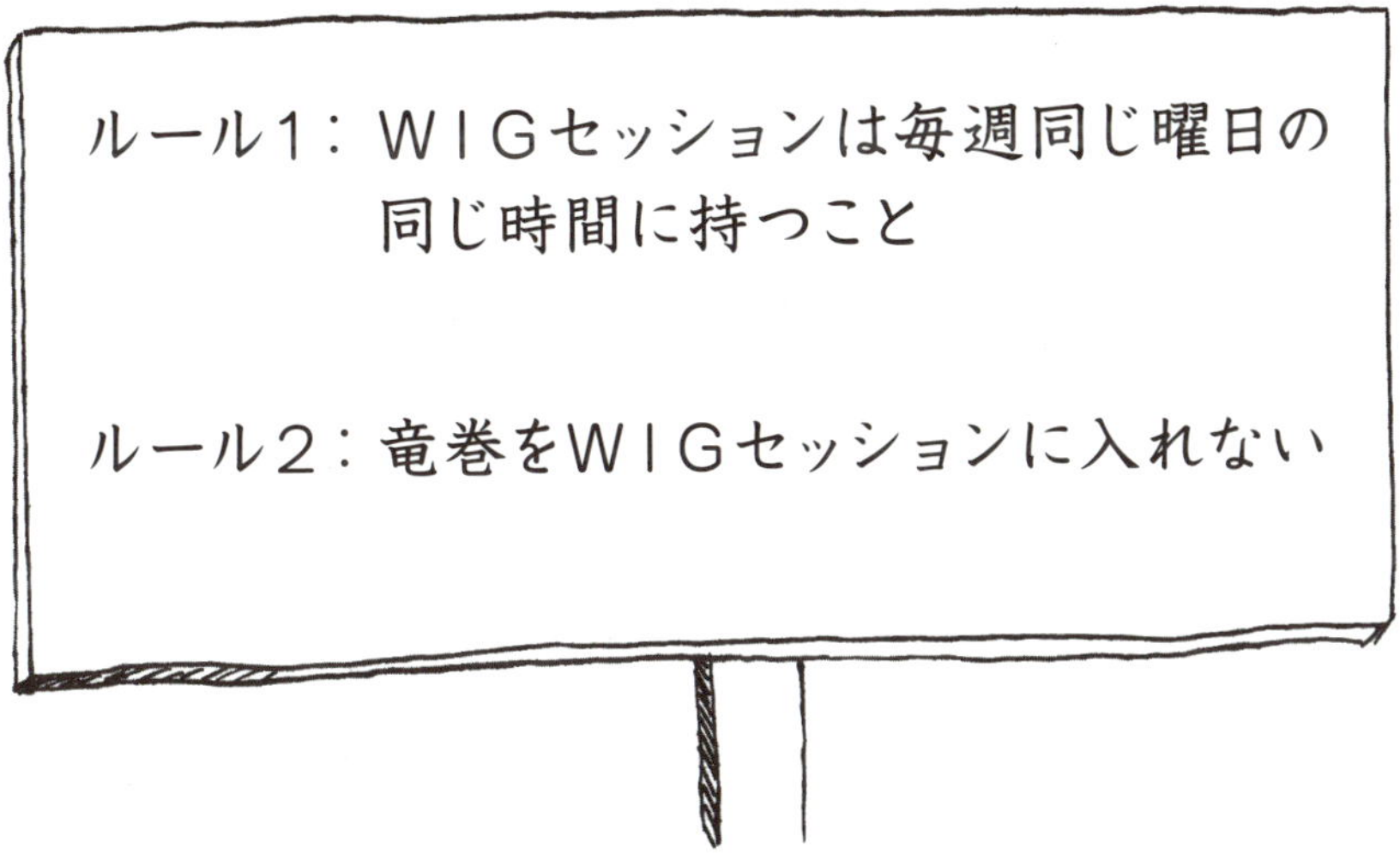
ルール1：WIGセッションは毎週同じ曜日の
同じ時間に持つこと
ルール2：竜巻をWIGセッションに入れない

ルール2 竜巻をWIGセッションに入れない

どんなに重要なことでも、他の議題はWIGセッションの議題に加えてはいけません。WIGセッションは、あくまでもスコアボードを動かすための活動と、その結果だけを話し合う場にします。

竜巻のことが議題に加わると、セッションの時間が長引いてメンバーの集中力が削がれるうえに、フォーカスがぼやけてしまいます。そうなると、WIGセッションは、メンバーにとって面倒なものになります。WIG以外のことを話し合う必要があるのなら、WIGセッションの後に別のミーティングを行いましょう。

また、毎週する約束は、WIGに関係するものでなければなりません。重要に見え、緊急度が高いからといって、竜巻のことを約束してしまうと、WIGセッションに竜巻が入り込んできます。これは絶対に避けなければなりません。

WIGセッションへのフォーカスをここまで強くするからこそ、あなたが必要とする結果を短期間で、なおかつ極めて効果的に達成できるのです。また、他の議題を入れないことで、WIGの重要性をチームの全員に常に意識させます。前週のWIGセッションでの約束を守らなかったら、竜巻の中で何を成功させても埋め合わせにはならない、この明確なメッセージが全員に伝わるようになります。

3 なぜＷＩＧセッションを行うのか？

ＷＩＧセッションを行う理由にはいくつかありますが、竜巻に打ち勝つには、焦点を定め、かつ変化に対応しなければなりません。

私たちがこのＷＩＧセッションを採用した理由の一つに有名な経営者であるスティーブン・クーパーがとった手法があります。

クーパーのチームリーダーの一人はこのセッションについて、「問題が危機に発展することがなくなりましたね。ミーティングの手順が決まっているから、落ち着いて話し合える。全員が数分で進捗状態のグラフを説明し、問題点を顕在化させる。そして全員で解決の方法を探る。このルーティンのおかげで、全員で少しずつ足並みを揃えて行進できる」と話していました。

それから、私たちもさまざまな形態のＷＩＧセッションを試行錯誤しながら、すっきりとして効率的なＷＩＧセッションの形態になりました。今では何百もの組織がこのセッションで取り組んでいます。

ＷＩＧセッションを行う理由は次のようになります。

① ＷＩＧセッションは、他の緊急の仕事の竜巻が吹き続ける中で、ＷＩＧへのチームのフォーカスを維持します。

② ＷＩＧセッションは、先行指標をどのように進めたらよいのか、メンバーがお互いに学ぶ場となります。成功したメンバーからは、そのやり方を学び、逆にうまくいかないことがあれば、早期に発見できます。

③ ＷＩＧセッションは、メンバーが約束を守るために必要なサポートを得る場です。約束の実行を阻む障害にぶつかったら、チームで道を切り開く方法を考えることができます。

④ ＷＩＧセッションによって、チームは変化するビジネスのニーズに迅速に対応することができます。セッションの最後に、年間計画では予測できない問題に対処するジャスト・イン・タイムの計画を作成します。

⑤ ＷＩＧセッションは、成功への前進を称え、チームに活を入れ、気合を入れ直す場になります。

WIGセッションを行う理由

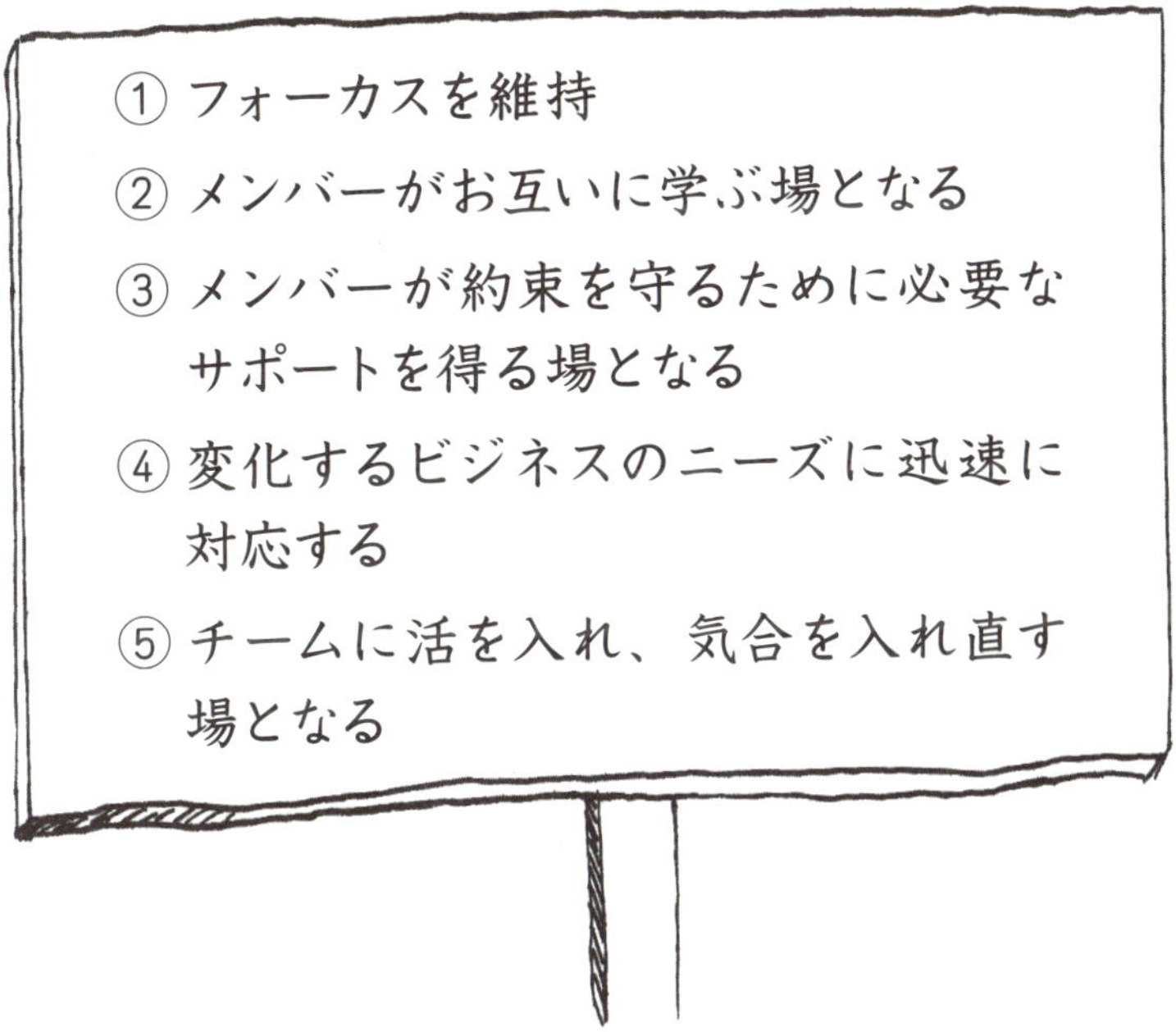
① フォーカスを維持
② メンバーがお互いに学ぶ場となる
③ メンバーが約束を守るために必要なサポートを得る場となる
④ 変化するビジネスのニーズに迅速に対応する
⑤ チームに活を入れ、気合を入れ直す場となる

WIGハドル

病院の救急救命室など、全員が集まる時間を取りにくいチームは、ＷＩＧセッションではなくＷＩＧハドル（円陣）を行うとよいでしょう。ＷＩＧハドルは、スコアボードを中心にしてメンバーが円陣を組んで行います。週１回、５～７分程度でかまいません。議題はＷＩＧセッションと同じです。

4 WIGセッションでの議題

ＷＩＧセッションの中身はその都度異なりますが、議題はどのセッションでも必ず同じにします。竜巻の中で維持していくにはフォーカスと規律は欠かせません。

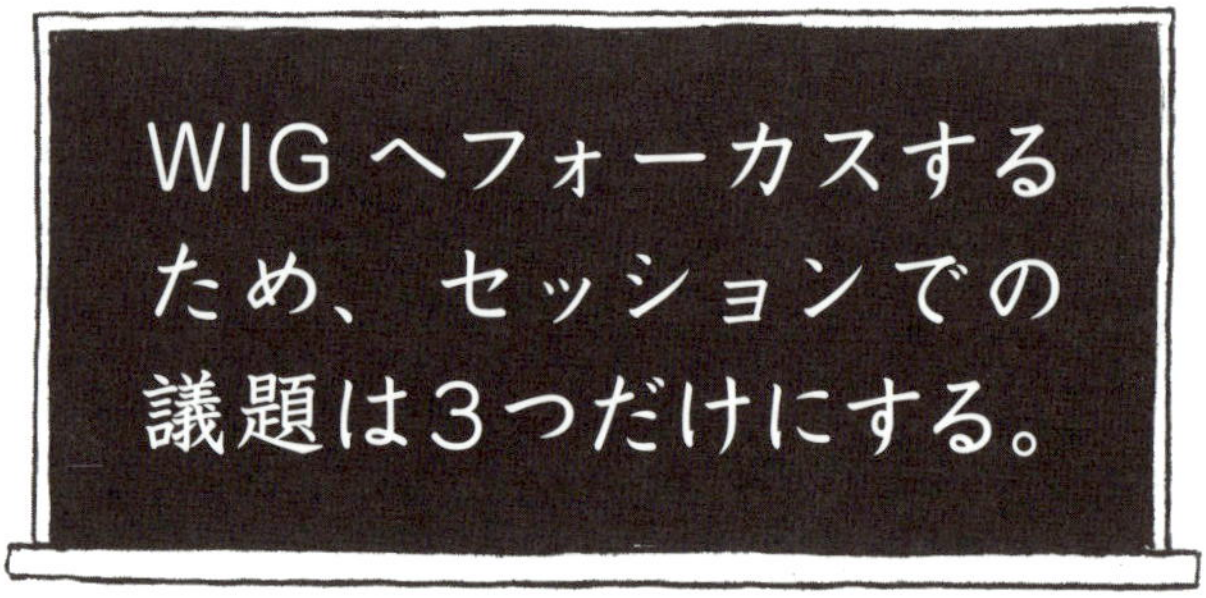
WIGへフォーカスするため、セッションでの議題は3つだけにする。

ＷＩＧセッションの時間は二〇〜三〇分を目安にしてください。第一回目のＷＩＧセッションは少し長引くかもしれませんが、セッションを重ねていくと、スコアボードを動かすことだけに時間と意識を集中できるようになり、セッションの効果と効率が上がっていくはずです。ありとあらゆる物事を取り上げて、だらだらとミーティングを続けるようなこともなくなります。

的を絞り、てきぱきとＷＩＧセッションを進めるためには、ＷＩＧセッションから派生した問題を解決するミーティングは別に時間をとるようにしてください。

1 報告：前週のコミットメントについて報告

各メンバーが、先行指標を動かすために前の週に約束した活動の報告をします。

2 確認：スコアボードを見ながら確認する

チームは、自分たちが約束した活動が先行指

WIGセッションでの議題

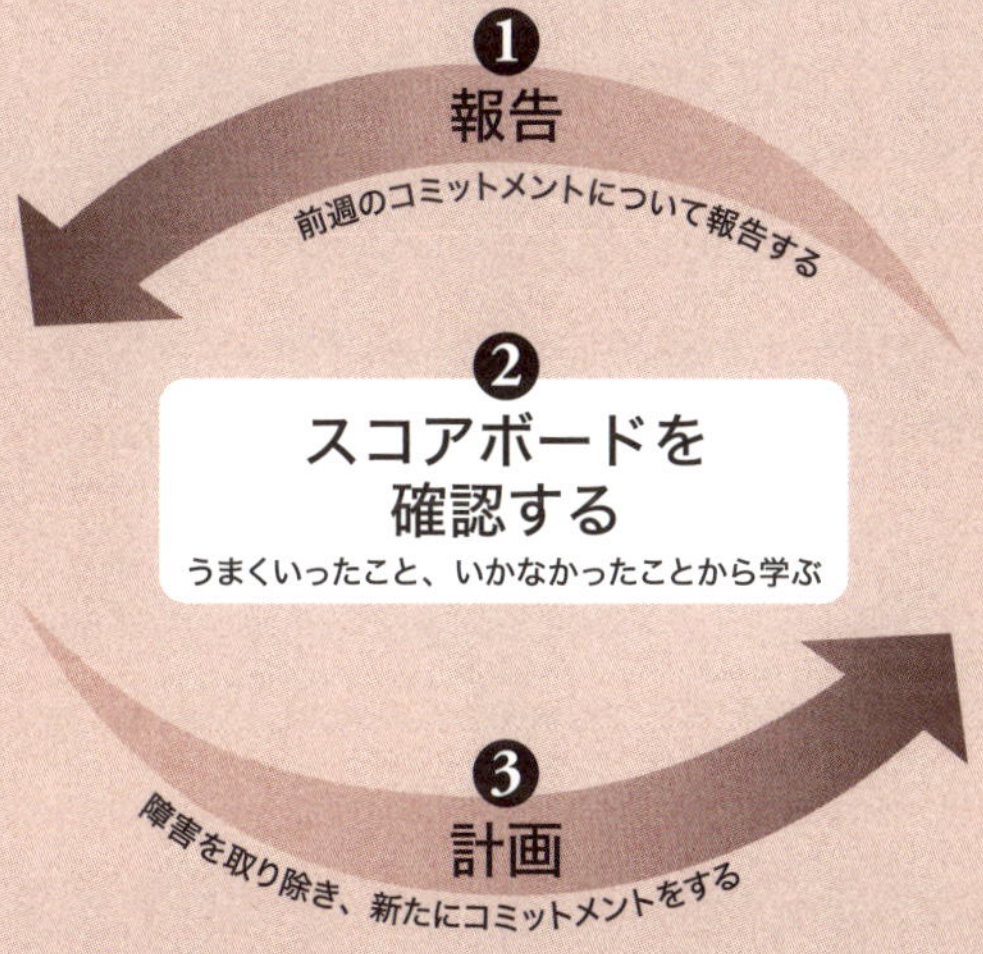
❶
報告
前週のコミットメントについて報告する
❷
スコアボードを
確認する
うまくいったこと、いかなかったことから学ぶ
❸
計画
障害を取り除き、新たにコミットメントをする

WＩＧセッションは、短時間で集中的に行うチームミーティングである。ミーティングの議題はこの三つだけにする。WＩＧセッションの目的は、約束していたことの結果を報告し、WＩＧのスコアボードを動かすための活動を約束することである。

標を動かしているか、先行指標が遅行指標を動かしているかを評価します。うまくいったこと、うまくいかなかったことから何を学んだか、どのように修正すればよいかを話し合います。

❸ 計画：障害を取り除き、新たにコミットメントをする

評価に基づいて、各メンバーは、必要とされるパフォーマンスのレベルまで先行指標を上げるために翌週行う活動を約束します。メンバーは自分がすることを約束し、その結果をチームの仲間に翌週報告するのですから、何としてでも実行する覚悟でセッションを終えることができます。約束した活動は自分にとって重要なものとなるはずです。

このアカウンタビリティのリズムは、考え方は簡単ですが、竜巻の中で維持していくにはこのWＩＧセッションへのフォーカスと規律は欠かせません。

5 翌週の活動の約束

WIGセッションでは、あなたもチームのメンバーもスコアボードの指標の動きに責任を持ち、報告します。WIGセッションの効果は一定のリズムを維持できるかどうかにかかっていますが、スコアボードの結果を左右するのは、約束する活動のインパクトです。

ミーティングの準備として、チームのメンバー全員が、この質問に答えられるようにしておきます。

先行指標に影響を与えるために、私が今週できる一つか二つの最も重要なことは何か？

注意してほしいのは、「私が今週できる最も重要なことは何か？」ではないことです。このような大まかな質問では、メンバーのフォーカスは必ず竜巻の中の仕事に戻ってしまいます。

この質問がWIGにどのような意味を持つのか、詳しく見ていきましょう。

一つか二つ

インパクトの高い活動を一つか二つに絞り込みます。五つの活動を約束してほどほどにしか果たせないよりは、インパクトの高い活動を一つか二つ約束して完璧に実行する方がWIGに近づくことができます。

最も重要

WIGの周辺的な活動に時間を使うのはもったいないことです。最大限の効果を生む活動に、最大限のフォーカスと労力をかけましょう。

私が

WIGセッションにおける約束は、個人の責任です。リーダーがメンバーに命じるのではなく、自分が行う活動を自分で約束します。

約束する活動を決めるための質問

先行指標に影響を与えるために、私が今週できる1つか2つの最も重要なことは何か？

今週

最低でも週一回というアカウンタビリティのリズムを維持できるように、次の週に終えられる活動だけを約束します。毎週何かを約束することが緊張感を生み、竜巻が吹き荒れる中でもＷＩＧへのフォーカスを維持できるのです。

スコアボードのパフォーマンス

約束する活動のすべては、スコアボードにある先行指標と遅行指標を動かすものにします。竜巻の活動を約束しても、ＷＩＧには役に立ちません。

影響を与えられる活動であれば、チームは毎週、自分たちの活動でそれらの指標を実際に動かすことができます。毎週の約束を守ることが先行指標を前進させ、先行指標がＷＩＧを達成へと導きます。

リーダーは、メンバーの約束が次の三つの基準を満たしているか確認してください。

❶ 具体的

約束の内容が具体的であるほど、責任感も強くなります。何をするのか、いつするのか、期待できる結果は何かを具体的に約束します。「アップセールスにフォーカスします」ではだめです。

たとえば、「高級ワインを適切にアップセールスする方法を三人のメンバーに指導します」という内容にします。

❷ スコアボードを動かせるか

約束は、竜巻の仕事ではなく、スコアボードの結果を動かせるものでなければなりません。そうでないと、竜巻に戻されてしまいます。たとえば、何かの年間目標の期限が迫る週には、その目標に関する活動をしたくなるでしょう。しかし、その年間目標がＷＩＧの先行指標にほとんど関係ないなら、いくら緊急を要しても、約束する意味がありません。

❸ タイムリー

約束は一週間で果たせるものでなければなりません。四週間かかる活動を約束したら、そのうち三週間はアカウンタビリティのリズムを維持できていないことになります。さらに、チームのパフォーマンスに短期間でインパクトを与えるものでなければなりません。約束した活動が実際に効果を見せるのがあまりにも先になると、勝利のリズムが狂ってしまいます。

次ページの表を見ると、インパクトの小さい約束と大きい約束の違いがわかると思います。

先行指標を動かすことに向けられた約束には、力強さが感じられます。

約束の3つの基準

▶インパクトの小さい約束とインパクトの大きい約束

インパクトの小さい活動の約束	インパクトの大きい活動の約束
今週はトレーニング に力を入れます。	キムとカレンに対して、バーパッケージのアップセールスの 20 分のセールストークを手直しし、一緒に練習し指導します。
商工会議所の集まりに出席します。	商工会議所の集まりに出席し、うちのホテルでイベントを開催したことのない新規企業 3 社の代表者と面談します。
欠員補充の面接をします。	チームの欠員補充について 3 人の応募者を面接し、条件を満たす 1 人を採用します。
今週は新しい顧客に営業をかけます。	市内にオフィスを開いた 2 社に営業をかけます。
以前の顧客に電話します。	昨年イベントを開催した顧客企業のうち 10 社 に、手書きの手紙を入れてフォローアップのパンフレットを送ります。

6 リズムを狂わす罠

本来のWIGセッションのプロセスを守り通すのは、簡単なことではないでしょう。リズムを狂わすいろいろな罠が潜んでいます。

WIGセッションでの約束は、WIGのためにチームが当然しなければならない活動なのですが、日々の竜巻に吹き飛ばされてしまうのが現実なのです。

常に、チームはアカウンタビリティを狂わす罠にさらされています。よくある罠は次の四つです。

① 竜巻との競争

第4の規律を実践し始めたとき、あなたとチームがぶつかる最大の難関です。竜巻の中にある緊急の仕事をWIGの活動の約束と取り違えてはいけません。

竜巻の中の仕事と区別するには、「この約束を果たすと、スコアボードにどのくらいのインパクトを与えられるか？」という質問をすることです。すぐに答えられなければ、それは竜巻の仕事にフォーカスした結果であると言えるでしょう。

② 漫然としたWIGセッション

アカウンタビリティのリズムは、WIGセッションの議題を厳守しなければ狂ってしまいます。毎回のセッションで必ず、前週の約束の結果を報告し、次週の具体的な約束をします。

③ 二週以上連続で同じ約束をする

いくらインパクトの大きい活動でも、毎週繰り返していたら、ルーティンになってしまいます。先行指標を動かす新しい方法、より効果的な活動を常に探さなければなりません。

④ 約束不履行を許す

チームのメンバーは、日々の竜巻がいかに強くとも約束を果たさなければなりません。約束を果たさないことが許されるようになると「実行の4つの規律」をチームに導入

リズムを狂わす罠

① 竜巻との競争
② 漫然としたＷＩＧセッション
③ ２週以上連続で同じ約束をする
④ 約束不履行を許す

するためにしてきた努力が水の泡になります。

約束の不履行を甘く見ていると、実行の規律が崩壊する重大局面にぶつかるでしょう。

ＷＩＧセッションがスタートしたばかりの時期に、まず「チームに約束したら、必ず何があっても果たす方法を見つけなければならない」というルールを立てましょう。

しかし、どれだけ用意周到に挑んでも、必ず竜巻は起こりますし、メンバーが出した約束が、すべてがうまくいくとは限りません。心情的に、妥協したくなることもあるかもしれません。

しかし、リーダーの責任は約束を果たし成果を上げることです。励まし、フォローし、リズムを保ってください。

次のページで、スーザンが行なった、不履行をしたメンバーへの対処方法を紹介します。

スーザンのチームも同じように、リズムを狂わす罠に阻まれそうになりました。どのように対処したのでしょうか。

スーザンはＷＩＧセッションでアカウンタビリティを狂わす罠にどのように対処したのでしょうか。スーザンとメンバーのやり取りを見てみましょう。

ジェフ「はい。あの、昨年イベントを開いたお客様に連絡し、会場の下見に来ていただけるよう伺いを立てると約束しました。ところが、ご存じのように先週は重要なイベントがありました。今年最大規模のイベントで、ぜひとも成功させたかったので、このイベントにほとんどかかりきりでした。おまけにメインのボールルームのプロジェクターが故障してしまい、代わりの機材の調達に追われました。イベントが台無しになったらた大変ですから、この仕事にかなり時間をとり、プロジェクターは何とか調達できました。気づいたときには一週間が過ぎていて、もう時間がなかったんです」

ジェフは要するに、竜巻のせいで約束を守れなかったと言っています。なお悪いのは、自分の竜巻は重要だから、約束を守れなくとも仕方がないと思っていることです。実行の規律は、ここで崩壊してしまいます。

人がする約束のほとんどは条件付きです。たとえば、メンバーが「火曜日の朝九時までにレポートを提出します」と言ったとします。そこには「何か急な用事がなければ」という条件が潜んでいます。しかし竜巻はいつでも吹いており、急な用事というのは必ず起こるのです。

竜巻が約束を吹き飛ばしても仕方がないと思っていたら、目標を進捗させるために必要な労力は絶対にかけられないでしょう。実行の規律の始まりも終わりも、ＷＩＧセッションでの約束を守ることにあります。

ですから、リーダーがＷＩＧセッションをスタートしたばかりの時期にすべきことは、「約束は無条件」という新しい基準を立てることです。私たちのあるクライアントは「チームに約束をしたら必ず、何があっても果たす方法を見つけなければならない」と言っていました。

ステップ1　相手を尊重する

スーザン「ジェフ、先週のイベントは大成功だったわ。あなたがいなければ、イベントは大失敗になっていてもおかしくなかった。あなたの努力も、このお客様がうちのホテルにとってどれほど大切かも、チームの全員がわかっている。よく頑張ってくれたわ」

ステップ１は非常に重要です。スーザンはジェフに、チームのメンバーとして彼を尊重している姿勢を示しました。しかし同時に、竜巻の仕事も大事だというメッセージもチームに伝えています。

このステップを飛ばしたら、ジェフは価値のないメンバーだ、竜巻は重要ではない、という二つの間違ったメッセージを送ってしまうことになります。

ステップ２　アカウンタビリティを強調する

スーザン「ジェフ、あなたはチームにとって重要な存在なの。あなたがいなければ、チームは目標を達成できない。つまり、約束をしたら、その週に何があっても果たす方法を見つけなければならないということよ」

ここはジェフにとってもスーザンにとっても難しい局面です。しかしスーザンは、ジェフを尊重していること、竜巻の要求も大事であることをステップ１ではっきり示していますから、ジェフはチームのためにベストを尽くすことがいかに大切かわかるはずです。

ステップ３　実行を励ます

スーザン「ジェフ、あなたがチームのために頑張っていることはわかっているわ。来週の活動の約束をして、それに加えてできなかった約束も終えられるかしら？」

スーザンはジェフに、すべての約束を実行してプライドを取り戻すチャンスを与えています。

三つめのステップによって、このやりとりを効果的に締めくくることができます。ジェフにとって重要なステップであるのはもちろん、リーダーのスーザンにとっても、実行の規律を重要視している姿勢をチームに示す意味で重要です。チームのメンバーもまた、パフォーマンスの新しい基準を守ることが期待されているのだとわかるはずです。

無条件で約束をしない限り、一週間の予定表で約束を竜巻に食い込ませることはできません。竜巻は、約束をいとも簡単に浸食しまうのです。

フランクリン・コヴィー社の創業者の一人、ハイラム・スミスはこう言っています。「この一つの約束に給料の全額がかかっているとしたら、自動的に二つのことが起きる。まず、何を約束するか慎重に考えるだろう。そして、その約束を絶対に果たすはずだ」

これがＷＩＧの目的です。よく考えて約束をし、竜巻に吹き飛ばされずにその約束を果たす決意をするのです。

7 WIGセッションの成功の鍵

どうすればWIGセッションは成功するのでしょうか。ポイントを紹介しましょう

1 WIGセッションは予定どおりに開く

WIGセッションは、竜巻がどんなに吹き荒れていても、毎週、同じ曜日の同じ時間に開きます。リーダーが不在の場合には、代理の司会を誰かに任せます。

2 WIGセッションは簡潔に行う

てきぱきと進め、二〇分から三〇分以内に収めることが鉄則です。長引くと、いつの間にか竜巻のミーティングになってしまいます。

3 リーダーが先陣を切る

毎回のWIGセッションは、まずスコアボード上の結果をレビューし、次にリーダーから先週の約束について報告します。リーダーが最初に報告すれば、自分がやりたくないことをチームにやらせるわけではないことを示すことができます。

4 スコアボードを掲げる

セッションの前にスコアボードを更新し、見える場所に置いておきます。スコアボードなしでWIGセッションを開いてはいけません。スコアボードによってチームを試合に結びつけ、うまくいっていること、停滞していることを示します。スコアボードがなければ、WIGセッションはただのミーティングになってしまいます。

5 成功を称える

約束を果たし、指標を動かすことができたら、チームと個々のメンバーを称え、チームのWIGへのコミットメントを強めます。

6 学習したことを共有する

メンバーは、一週間をとおして先行指標を動かすのに効果のあったこと、なかったことを学びます。また、他の指標よりも好調に推移している指標はどれかもわかります。

この情報を全員で共有します。

7 竜巻が吹き込むのを防ぐ

スコアボードを動かせる活動だけを話し合いの対象にする。竜巻の仕事、その日の天気や朝の交通渋滞、昨日のスポーツの結果などの話は別の席でしましょう。

8 協力して道を切り開く

障害があれば、協力して取り除きます。道を切り開くというのは、問題の解決を誰かに任せるのではなく、チームの強みを活かすことを意味します。他のメンバーの道を切り開くことに合意するなら、それは次週の約束になり、他の約束と同じように果たさなければなりません。

9 竜巻が吹いていても実行する

竜巻が吹いていても、約束を実行することは無条件の義務です。約束を実行できなかったら、次の週までには必ず実行し、責任を果たさなければなりません。

WIGセッション成功の鍵

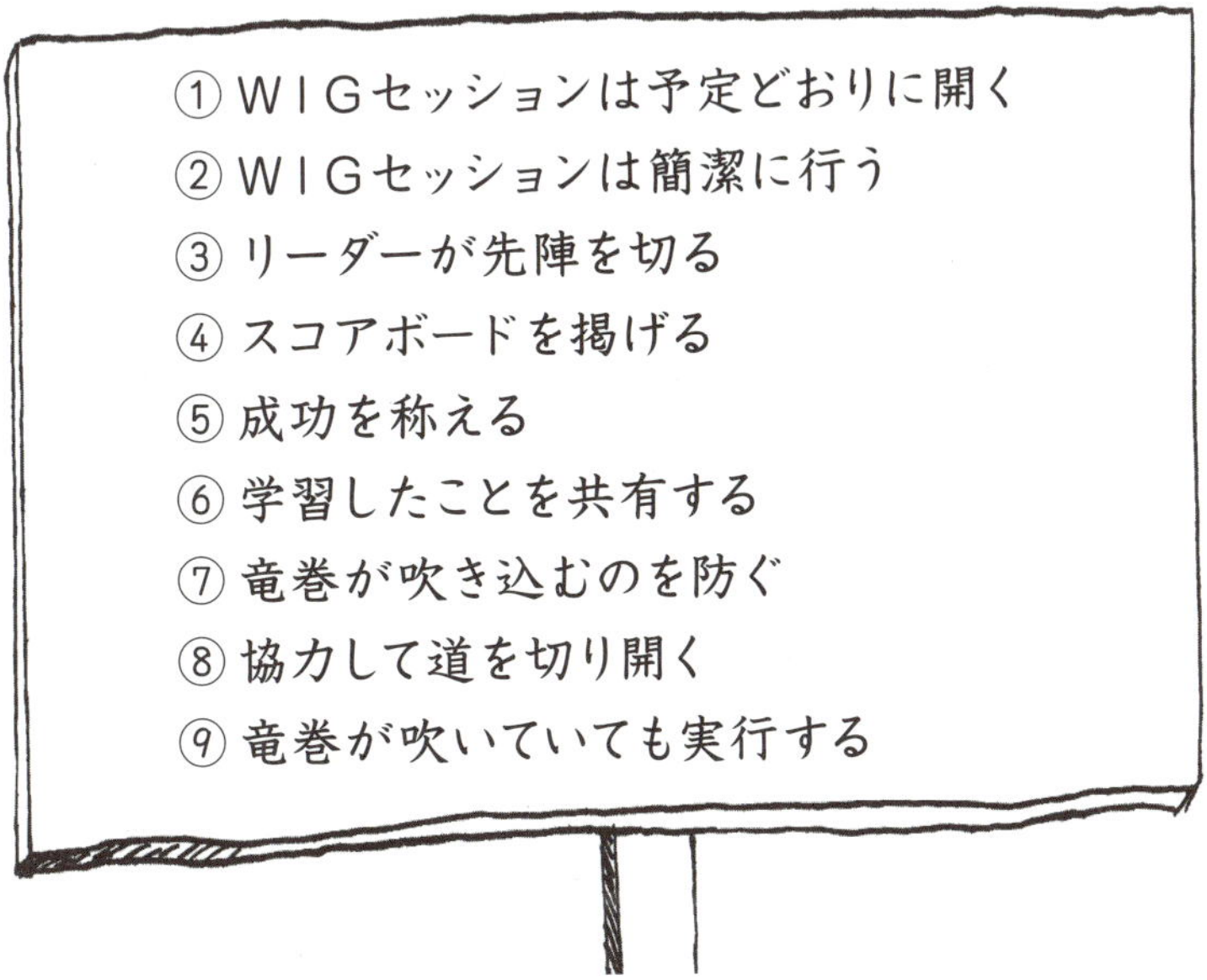
①WIGセッションは予定どおりに開く
②WIGセッションは簡潔に行う
③リーダーが先陣を切る
④スコアボードを掲げる
⑤成功を称える
⑥学習したことを共有する
⑦竜巻が吹き込むのを防ぐ
⑧協力して道を切り開く
⑨竜巻が吹いていても実行する

8 リーダーとしての約束

毎週、意味のある新しい活動の約束を考えるのは簡単なことではありませんが、リーダーも毎週、何か新しい活動の約束をしなければなりません。

リーダーは、先行指標を直接動かす活動ではなく、チーム全体で先行指標を動かせる活動を選ぶ。

リーダーとしての約束を果たす

WIGセッションを繰り返して行うのは、チームの実行の規律を着実に向上させるためであり、結局はリーダーがリーダーとして成長するためです。最初は難しく思えるかもしれませんが、そのうち自分がチームに影響を与えていることを実感でき、毎週の約束がリーダーの役割に欠かせないものになります。

チームの各メンバーは、先行指標を動かす活動の約束をしますが、リーダーができる最も効果的な約束は、チームにテコ入れし、チームの能力を高める活動です。ですからリーダーは、先行指標を直接動かす活動ではなく、チーム全体で先行指標を動かせる活動を選ぶとよいでしょう。

何を約束すればよいか困ったら、次のようなアイデアをヒントにして考えてみてください。

① トレーニング

トレーニングを必要とするメンバー、あるいはチームのベストプラクティスを身につける必要のあるメンバーは必ずい

リーダーの役割

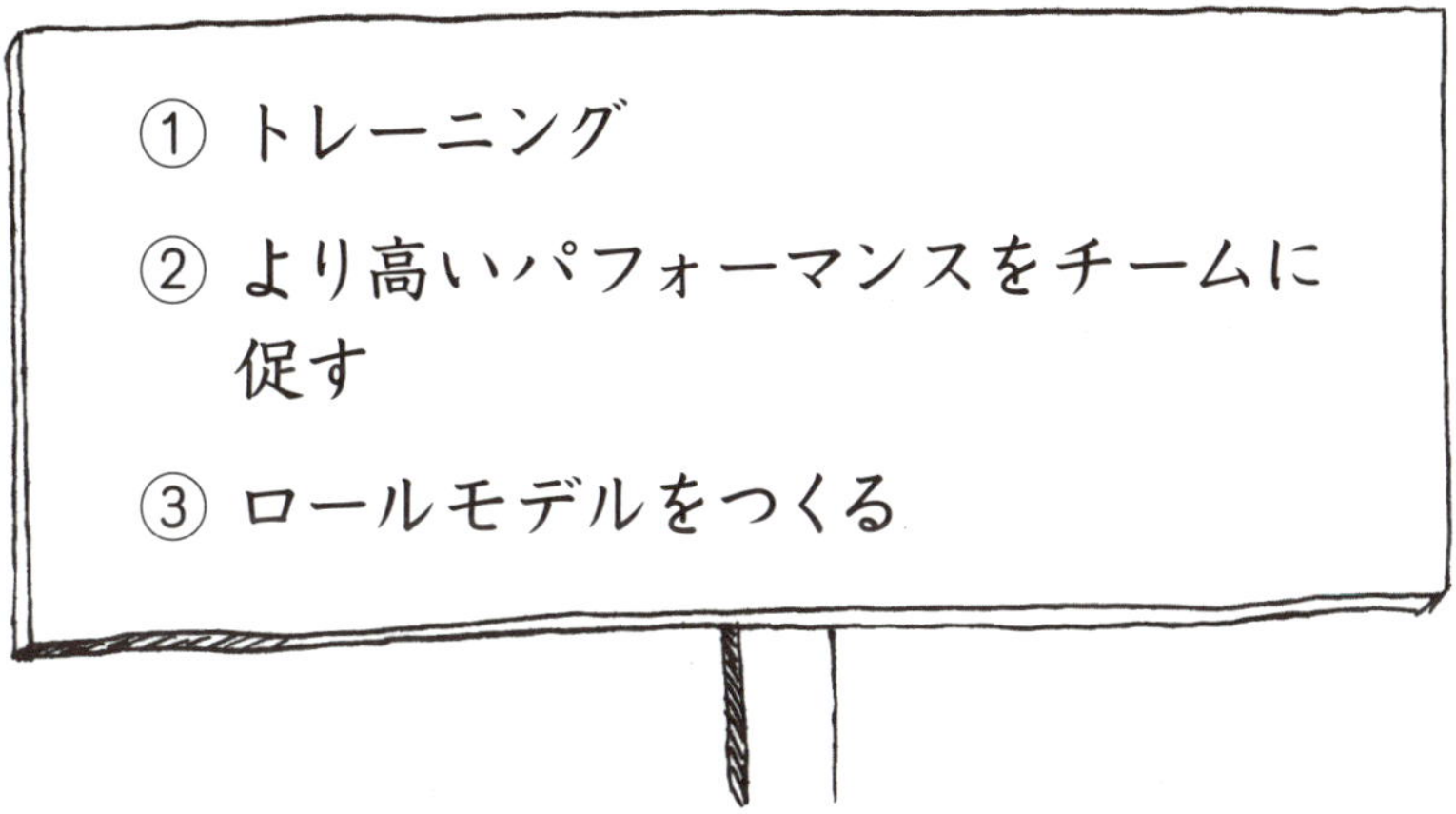
① トレーニング
② より高いパフォーマンスをチームに促す
③ ロールモデルをつくる

るものです。そのようなメンバーに対して、次週に具体的なスキルのトレーニングやコーチングを行います。この約束は、チームの試合の流れを把握するのにも役立ちます。

② より高いパフォーマンスをチームに促す

実行力のあるリーダーの最も効果的な行動の一つは、チームのパフォーマンスについてメンバーと対話し、パフォーマンスを高めるアイデアを出し合うことです。

メンバーの考えに耳を傾け、彼らのアイデアを取り入れれば、パフォーマンスだけでなくチームの意欲も向上します。チームはより効果的な行動をとるようになり、しかも個々のメンバーは自分の意見が尊重されていると感じますから、パフォーマンスをさらに伸ばそうという気持ちになります。

③ ロールモデルをつくる

トップパフォーマーをチームの前で表彰すると、他のメンバーはそのようなパフォーマーになりたいと思うはずです。優れたパフォーマンスを認めるのは、リーダーが高く評価する行動と適切なパフォーマンスのレベルをチームに示すことになります。トップパフォーマーをコーチにするのもよいでしょう。

WIGセッションは、三つの議題（報告、約束、計画）だけを話し合う場ですが、うまく機能している活動、機能していない活動について学んだことをメンバー全員で共有し、検討する場でもあります。

チームメンバーがすべきことは、リーダーが決めるのではなく、メンバーが自分から約束する。

二つの基準を守る

先行指標が遅行指標を動かしていないなら、チームはクリエイティブに思考し、試してみる価値のある新しいアイデアを提案します。約束したことの実行を妨げる障害にぶつかっているなら、メンバー同士でその障害を取り除く手助けをします。

前線で働くメンバーでは乗り越えられない障害は、チームリーダーのサインや承認で解決する場合もあるでしょう。リーダーであるあなたは、メンバー一人ひとりに「問題を取り除くために私にできることはないか？」と頻繁に尋ねなければなりません。

WIGセッションでは、次の二つの基準を満たすようにしてください。一つは、**具体的な成果を約束すること**。たとえば、「重点を置く」とか「注意する」では曖昧です。

二つめは、**先行指標に影響を及ぼせる約束でなければならないこと**です。約束することが先行指標に直結していなければ、チームをWIGの達成に近づけることはできません。

約束の2つの基準

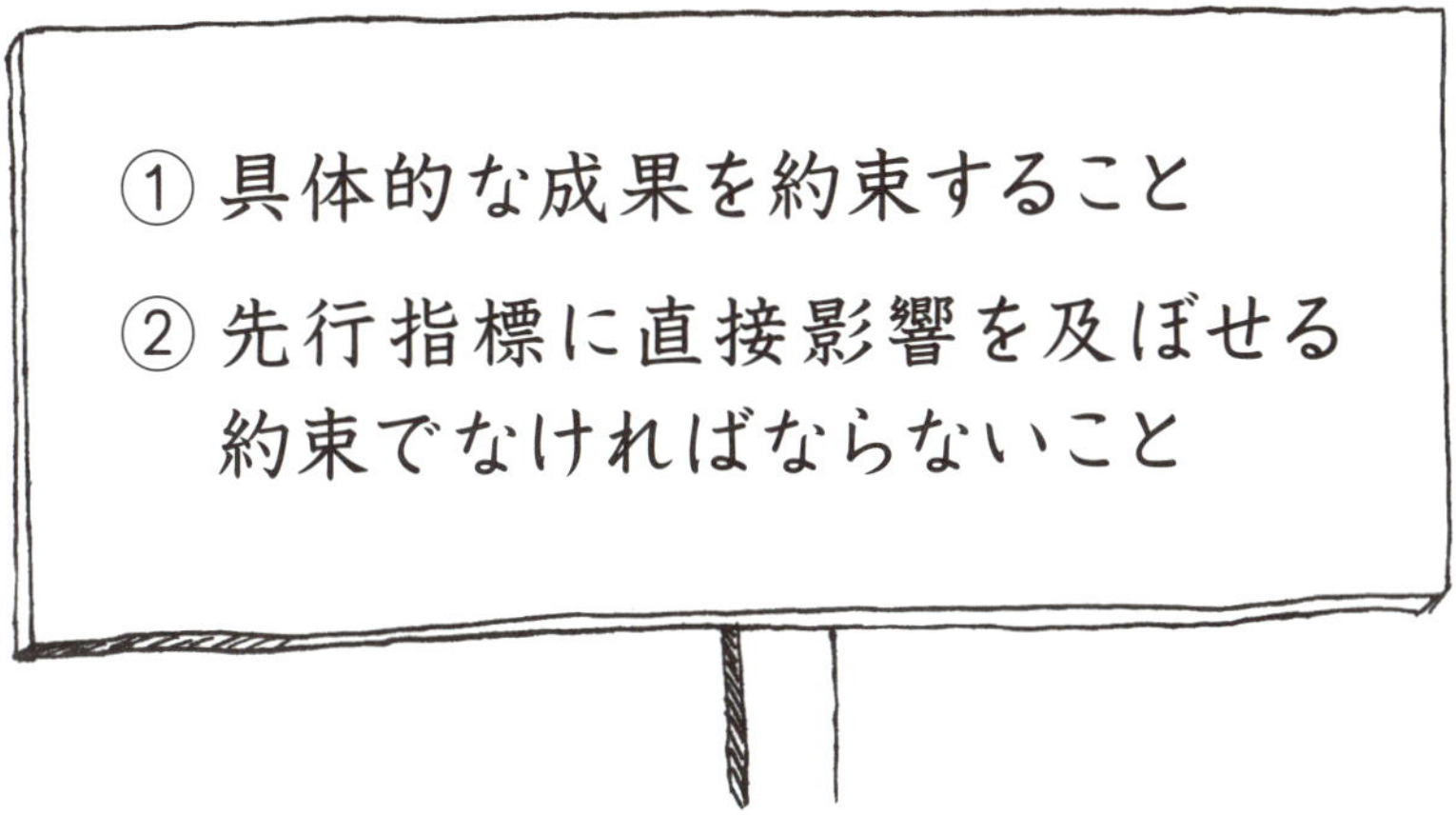
① 具体的な成果を約束すること
② 先行指標に直接影響を及ぼせる
約束でなければならないこと

メンバー自身が約束をする

ＷＩＧセッションのリーダーは、メンバーの約束の中身が適切であるかどうかに責任を持ちますが、重要なのは、メンバー自身が約束をすることです。すべきことをリーダーが指示していたら、メンバーはほとんど何も学びません。逆に、ＷＩＧを達成するために必要なことを常にメンバーがリーダーに話せれば、彼らだけでなくリーダーも、実行力を身につけていくことができます。

　メンバー自身が約束を決めるのは、リーダーであるあなたの直感に反しているかもしれません。何をすべきかをあなた自身がよく見えているときは、指示したくなるし、メンバーも指示を受けるものと思うかもしれません。

　しかしリーダーが最終的に求めるものは、チームのメンバー一人ひとりが、約束に責任を持って取り組み、果たすことです。メンバーがインパクトの高い約束を見つけるのに苦労していれば、リーダーが助け舟を出してもかまいませんが、指示はせず、アイデアは必ずメンバー自身が出すようにしましょう。

10 黒とグレー

もう一つ重要なのは、ＷＩＧセッションは、最重要目標が竜巻に巻き込まれるのを防ぐということです。

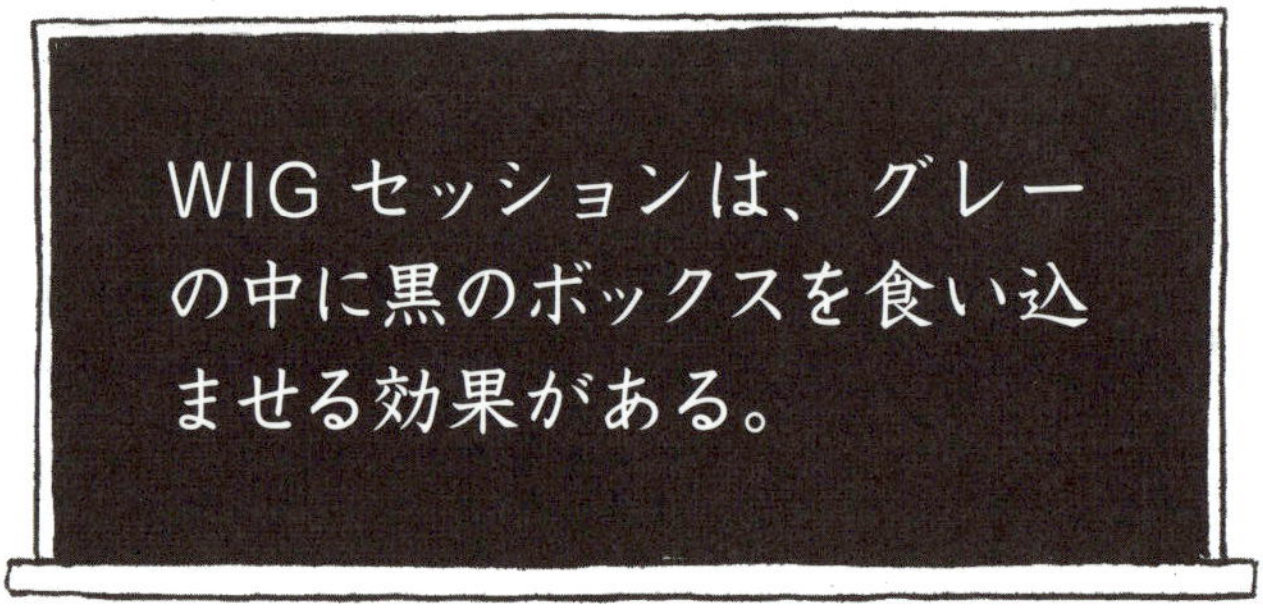
WIG セッションは、グレーの中に黒のボックスを食い込ませる効果がある。

グレーの中の黒

次のページの表は、典型的な一週間のカレンダーです。黒のボックスはＷＩＧセッションで約束したことを表し、グレーのボックスは竜巻を表しています。このようなビジュアルな表なら、ＷＩＧの実行に費やす時間と労力のバランスが一目でわかります。

中には、セッションで約束したことに一週間ずっと集中しなければならないと思ってしまうリーダーもいます。そうなると、ほとんど黒で埋め尽くされる一週間をイメージしてしまいますが、そんなことはありえません。労力の八〇％は日常業務の優先事項に充てられるわけですし、またそうあるべきです。第４の規律の価値は、竜巻ではなくＷＩＧに集中する黒のボックスを確保することにあります。

グレーのボックスは、あなたの一週間に黒が入ってくることを嫌がります。

黒のボックスのどれかを外しても、すぐに別の会議が入り、あるいは五つの緊急の問い合わせが入り、空いた時間はたちまち埋まってしまったはずです。竜巻が空いた時間を

▶黒とグレーの一週間

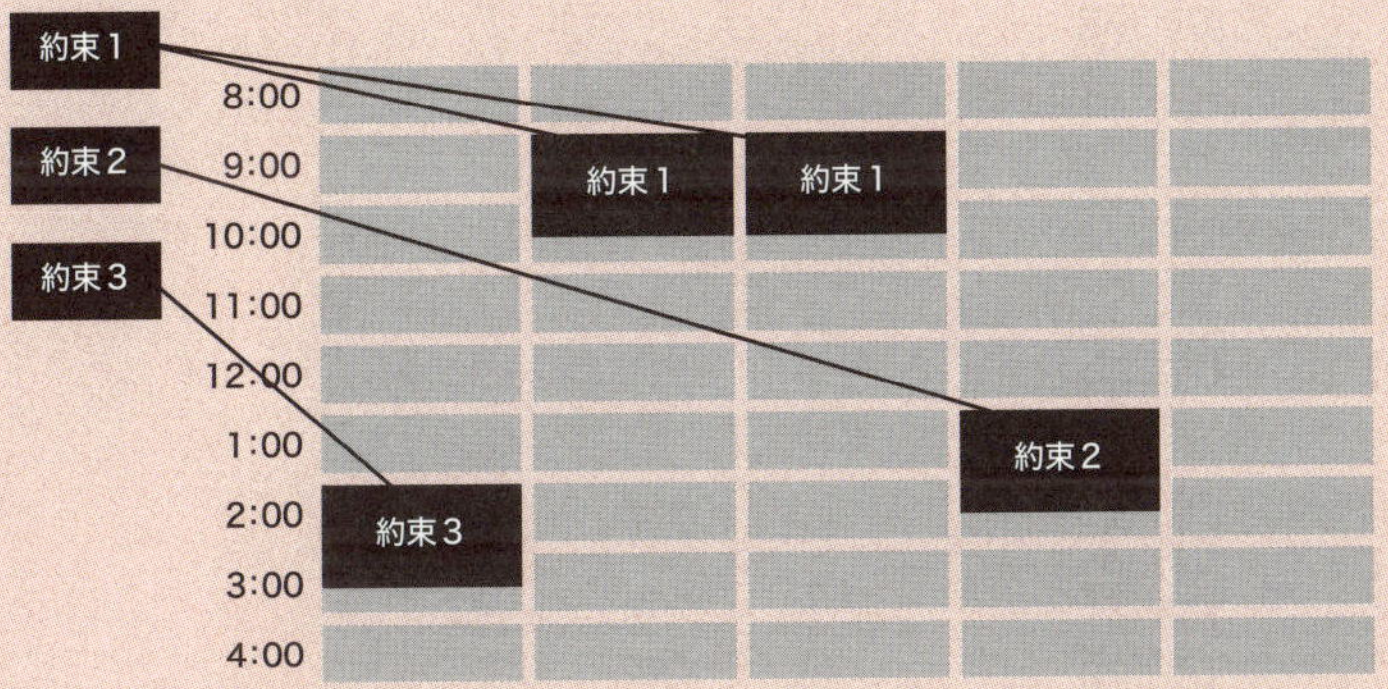

約束1
約束2
約束3
8:00
9:00
10:00
11:00
12:00
1:00
2:00
3:00
4:00
約束1
約束1
約束2
約束3

グレーのボックスは日常業務の竜巻を表す。黒のボックスはＷＩＧのスコアボードを動かすために、その週に行うと約束していた活動を表す。黒のボックスを一週間の中に計画的に組み込めば、竜巻に巻き込まれてＷＩＧを見失うことがなくなる。

食べ尽くしてグレーになるまで、長い時間はかかりません。

しかし、ＷＩＧを実行するためには、何があっても黒のボックスをグレーに食い込ませて確保しなければなりません。

次に、あなただけでなく、チーム全体の一週間の労力を組み合わせた表をイメージしてください。この場合、黒はチームのメンバー全員が毎週の約束を守るために費やす労力を表します。それは結果を出すための労力の集合体です。アカウンタビリティのリズムを毎週維持すれば、ＷＩＧに直接的な影響を与える先行指標に、この集中的な労力を向けることができるのです。

グレー一色の一週間が慢性化してしまったら、リーダーのあなたは頑張ったのに何も達成できていない虚しさをおぼえるでしょう。なお悪いことに、その感覚はチームの意欲やパフォーマンスに反映されてしまいます。

ＷＩＧセッションは、グレー一色の一週間に効く解毒剤です。ＷＩＧセッションを欠かさずに行う規律が守られ、あなたとチームが毎週、黒のボックスをグレーの中に食い込ませれば、目標に向かって着実に前進できるだけでなく、竜巻に振り回されずに自分が主導権を握っている実感を得られるようになります。

11 WIGセッションと意欲

WIGセッションによってリズムを確立し、先行指標を動かすことに取り組めば、結果は必ず生まれます。

リーダーは早く結果を出そうとして辛抱強さに欠けることがある。辛抱強く先行指標を動かさなければならない。

辛抱強く

リーダーは概して結果志向で、新しいシステムを導入すると、少しでも早く結果を出そうと焦ります。しかしWIGセッションの最大限の効果はすぐに感じられるわけではありません。WIGは、先行指標に対して継続的に、一貫した行動をとって初めて達成できるものです。

チームが効果的なリズムを確立し、セッションでは竜巻のことは話さずWIGだけに集中できるようになるまで、三～四週間はかかるでしょう。

そうなれば、しだいにミーティングの生産性が上がってきます。さらに数週間経つと、重要な何かが起こるはずです。適切な先行指標を設定できていて、チームがその先行指標に従って行動していれば、外部の何らかの事情でWIGの達成が不可能にならない限り、先行指標が遅行指標を動かし始め、チームは自分たちが勝っていることを実感できるようになるのです。

それには時間がかかります。リーダーは、途中で音を上げずに、辛抱強く先行指標を動かしていかなければなりません。

パトリック・レンシオーニによる仕事の意欲が失せる3つの兆候

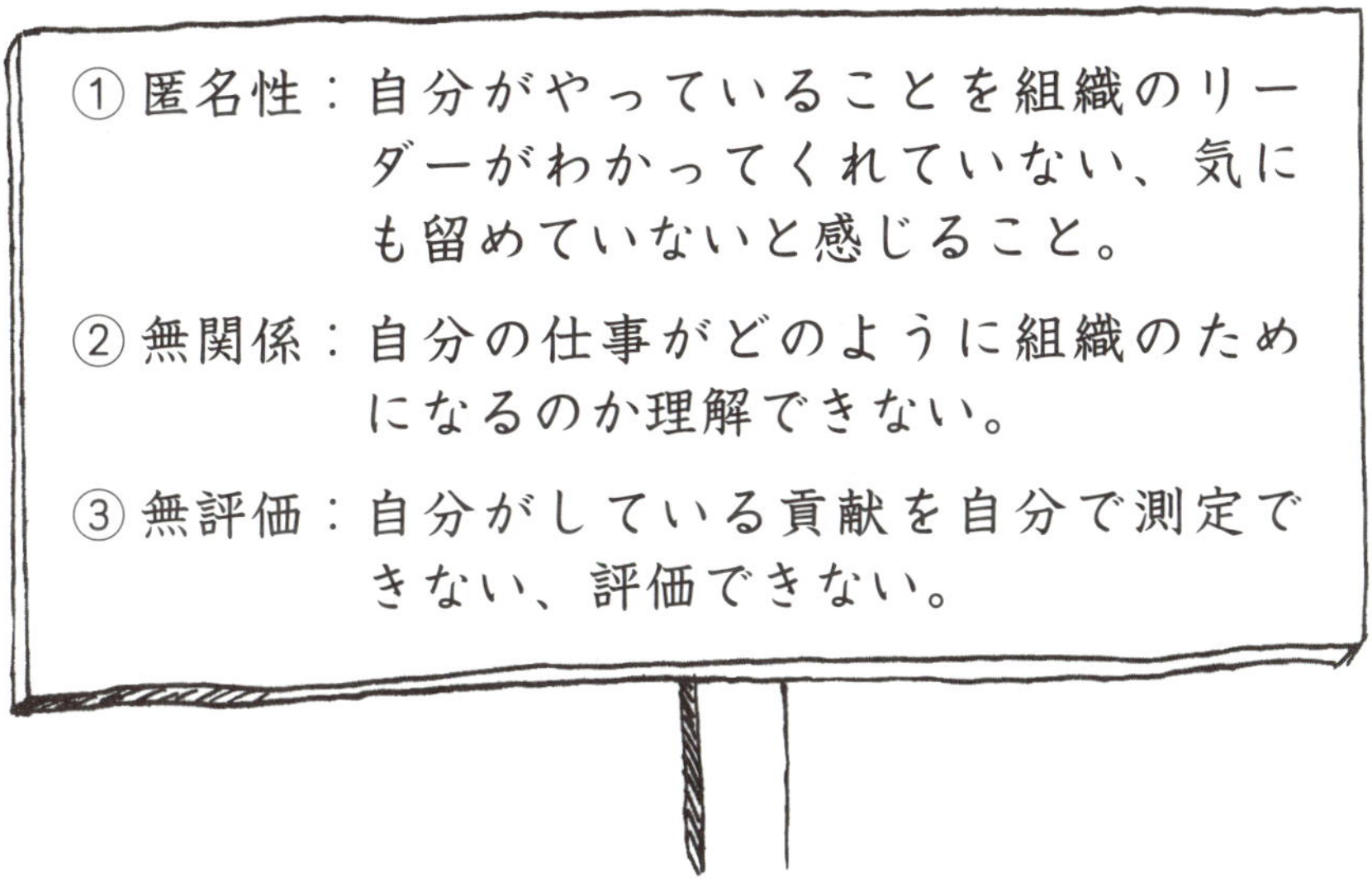
① 匿名性：自分がやっていることを組織のリーダーがわかってくれていない、気にも留めていないと感じること。
② 無関係：自分の仕事がどのように組織のためになるのか理解できない。
③ 無評価：自分がしている貢献を自分で測定できない、評価できない。

仕事の意欲が失せる三つの兆候

パトリック・レンシオーニは、著書『なぜＣＥＯの転進先が小さなレストランだったのか』（矢羽野薫訳、エヌティティ出版）の中で、仕事に対する意欲が失せる三つの兆候を上図のように的確に示しています。

レンシオーニの三つの兆候は、まさに竜巻の中の日々、「グレー一色の一週間」のことでもあるのです。しかし、第4の規律をきちんと実践すれば、これら三つの兆候すべてを解消することができます。

ＷＩＧセッションのリズムを維持しているチームでは、個々のメンバーは匿名ではありません。それどころか、一人ひとりが少なくとも週に一回はスポットライトを浴びます。

自分が約束した活動が先行指標を動かし、最重要目標の達成に貢献していることがはっきりとわかるからです。そして評価されずに放っておかれることもありません。チームで共有するスコアボードが毎週、メンバーの成績を反映して更新されるからです。

12 アカウンタビリティ

WIGセッションで生まれるアカウンタビリティは、一般的なアカウンタビリティとはまったく違います。

チームの結果を左右するのは、同僚にアカウンタビリティを果たすこと、WIGセッションを重視することだ。

同僚にアカウンタビリティを果たす

「アカウンタビリティ（報告責任）」という言葉は、一般的には非常にネガティブな意味合いで使われています。上司から「一時間後に来るように。アカウンタビリティ・ミーティングをしなければならない」と言われたとしたら、あなたはまず間違いなく、よくないことだと思うはずです。

その結果を上司に報告するだけでなく、チームのメンバー同士でも報告し合います。WIGセッションでは必ず、**「お互いに約束したことを果たしましたか？」**という問いに一人ひとりが答えなければならないのです。

答えが「イエス」なら、チームのメンバーは同僚が約束を守っていることがわかり、お互いを尊重する気持ちが生まれます。一緒に仕事をしている人たちは信頼できる仲間だとわかります。

こうなればしめたもので、パフォーマンスは目に見えて向上します。WIGセッションでは、いわば同僚に対するアカウンタビリティを果たします。これは上司に対するアカウンタビリティよりも大きなモチベーション要因になる

WIGセッションにおけるアカウンタビリティ

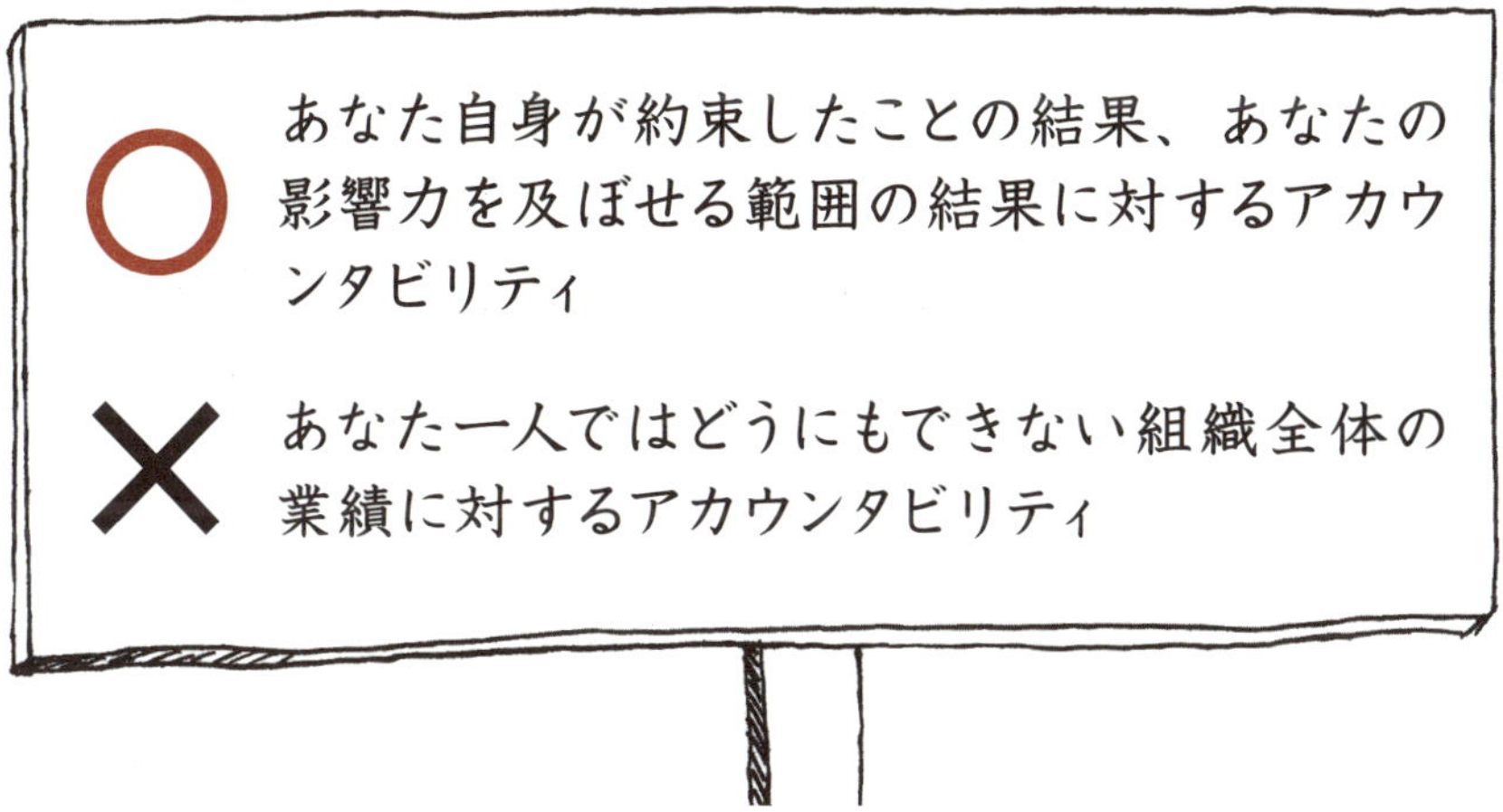

○ あなた自身が約束したことの結果、あなたの影響力を及ぼせる範囲の結果に対するアカウンタビリティ
× あなた一人ではどうにもできない組織全体の業績に対するアカウンタビリティ

ケースが多いのです。

本気の試合

このレベルに到達するためには、もう一つ理解しておかなければならないことがあります。

すでに述べたように、第1から第3の規律で試合を用意し、それに臨む態勢を整えても、第4の規律を実践しなければ、試合をすることにはならないということです。

つまり、WIGセッションをどこまで重視するかが、チームの結果を直接左右します。一人ひとりがすべきことを約束し、それをフォローアップするスタイルを確立し、一貫性をもって、焦点を失わずにセッションを進められるかどうかで、チームメンバーはそのWIGに対して真剣に取り組むかどうかを判断するのです。

本当に重要な試合でなかったら、チームが本気を出せないのは当然でしょう。真のアカウンタビリティがあればこそ、チームは本気を出し、最高のプレーをしようとするのです。

13 結果が出ないとき

遅行指標が動かなかったり、結果が出なかったりすると、設定した先行指標が本当に正しかったのかと不安になるものです。しっかり分析しましょう。

遅行指標が動かないという理由で先行指標を変える前に、7つのポイントを振り返ってほしい。

スコアボードの動きが横ばいになると、ほとんどのチームは先行指標を変えようとします。しかしリーダーがせっかちに対応していたら、先行指標の勢いが削がれます。先行指標を変えると、またゼロから始めなくてはなりません。元の指標にもっと時間をかけたほうが大きな変化につながることもあります。

先行指標を変える前に、次の点を振り返ってください。

1 先行指標は遅行指標を動かしているか？

動かしているなら、変更する必要があるのか慎重に判断してください。

2 遅行指標は十分に動いているか？

十分に動いていないなら、その先行指標のままでパフォーマンスの基準を上げることを検討してください。岩を少し動かすにはテコを大きく動かさなくてはならないことを思い出してください。

③先行指標のスコアは正確につけているか？

正確につけていないなら、チームは先行指標の価値をきちんと理解していない可能性があります。

④チームは少なくとも一二週連続で先行指標を達成しているか？

チームが「実行の4つの規律」の習慣を身につけるには最低でも一二週間必要です。まだ一二週以下なら、新しい行動が定着しているかどうかわかりません。

⑤スコアボードから先行指標を消しても、チームのパフォーマンスは落ちないか？

確信が持てないなら、先行指標がＷＩＧを動かしている間は、新しい行動が習慣化するまで先行指標を変えないほうがいいでしょう。

先行指標は動いているのに、遅行指標が動かないというのも、珍しいことではありません。初めて「実行の4つの規律」を導入するケースではよく見られ、これには三つの理由が考えられます。

①遅行指標が動き出すまで時間がかかる

先行指標が動いてから遅行指標が動き出すまでどのくらいの時間がかかるのかは、一概には予測できません。

②先行指標がきちんと動いていない

先行指標を動かしているのは、チームの一貫した行動ではない可能性があります。

新しい先行指標に全力を投じていても、人はどこかで少し手を抜きたくなるものです（無意識にでも）。メンバーはリーダーが期待する結果だけを見せようとする傾向もあります。正確に測定されているかどうか確認してください。

③ＷＩＧの達成を予測できない先行指標である

この理由は最後に検討してください。ほとんどのリーダーがこの結論に真っ先に飛びついてしまうからです。

もちろん先行指標が本当に遅行指標を動かしていないなら、その先行指標が正しかったのかどうか見直す必要があります。この先行指標で間違いないと無条件に信じ、疑問をもたずに押し通している場合も少なくありません。また、外部の状況が大きく変化し、先行指標が通用しなくなった可能性も考えられます。

14

革新を目指す組織文化

チームの努力を認めることは、チームの意欲の維持にとても効果があります。さまざまな方法で個人やチームの成果を称えるようにしましょう。

チームの努力を認める方法

- 成果を称える
- 個人のパフォーマンスを正式に表彰する
- チームのパフォーマンスを正式に表彰する
- 「実行の4つの規律」の立ち上げを正式に表彰する
- 祝勝会

本心からの欲求が結果に結びつく

アカウンタビリティのリズムは、チームの創造力を解き放つことができます。

WIGセッションは、斬新なアイデアを試すことを奨励し、全員を問題解決に参加させ、学んだことを共有します。先行指標を動かす革新的なアイデアを出し合う場であり、WIGが達成できるかという重要な結果がかかっているのだから、メンバー一人ひとりの最善の考えを引き出すことができます。

理解しておかなければならないのは、リーダーたちが求めている高いレベルの意欲は、命令・管理型アプローチではほとんど生まれないことです。リーダーの正式な権威に頼っているうちは、チームは本気にはなれません。

それとは対照的に「実行の4つの規律」は、権威の行使で結果を生むのではありません。チームのメンバー一人ひとりが、自分が重要な存在となって意味のある貢献をしたい、そして勝ちたいという本心からの欲求が結果に結びつくのです。

このような意欲的な姿勢こそが、コミットメントを生み、コミットメントがあって初めて、大きな結果を出すことができます。

たとえば、次のような方法があります。チームの規模、年齢や性別の構成、WIGの内容によってさまざまな称え方があると思います。チームの意欲を引き出す称え方をするのも、リーダーの役割の一つでしょう。

❶ 成果を称える

チームの努力を認めることは、チームの意欲の維持にとても効果があります。さまざまな方法で個人やチームの成果を称えるようにしましょう。

❷ 個人のパフォーマンスを正式に表彰する

誰でも自分の貢献は認められたいと思っています。特に同僚の前で褒められれば嬉しいものです。「今週のトップパフォーマー」などの賞をつくって、公式な受賞基準を設定し、定期的に表彰するのがおすすめです。

❸ チームのパフォーマンスを正式に表彰する

毎週または毎月、先行指標の成績が良かったチームに「先行指標リーダー」などの賞を授与するのも、行動変化を加速させます。

❹ 「実行の4つの規律」の立ち上げを正式に表彰する

最速立ち上げ、ベスト・スコアボード、ベストWIGセッションなどの賞は、結果を出すための行動変化の定着につながるでしょう。

❺ 祝勝会

先行指標を連続して達成できた、先行指標と遅行指標が目標に達したなど、チームの勝利を皆で祝う時間と場をつくることには大きな意味があります。ささやかなお祝いでも、メンバーたちは自分たちの勝利を実感でき、リーダーの強いメッセージとなります。

チェックリスト

高いパフォーマンスを引き出せるＷＩＧセッションかどうか、以下の項目をチェックして確かめましょう。

- □ ＷＩＧセッションは予定どおりに行っているか？
- □ ＷＩＧセッションをてきぱきと活発に進めているか（20～30分以内）？
- □ リーダーは報告と活動の約束の手本になっているか？
- □ 更新されたスコアボードを確認しているか？
- □ 各指標について、勝っている／負けている理由を分析しているか？
- □ 成功を称えているか？
- □ リーダーは自分の約束についても無条件の報告責任を負っているか？
- □ 約束を実行する過程で障害にぶつかったメンバーのために、協力して障害を取り除き、道を切り開いているか？
- □ ＷＩＧセッションに竜巻が吹き込まないようにしているか？

WIGセッション・アジェンダ・ツール

このアジェンダを印刷するか、または電子メールで、WＩGセッションの開始時に配布します。セッションが終わったら、前ページのチェックリストに照らしてセッションを振り返ります。

WＩGセッション・アジェンダ			
場所		日時	
WＩG			
各自報告	チームメンバー	約束	状況
スコアボード更新			

エピローグ

戦略を実行できる組織になる！

半年後。
オプション提案数
田中さんのチームは、売上を対前年度比一二%アップという目標に対して、一五%アップを達成した。
かつては負けない試合をしていたチームが、
勝つ試合の喜びを知ったのだ。
フォーカスするWIGを決め、先行指標を設定し・・・
スコアボードで進捗を管理し・・・
WIGセッションを重ねてきた。
道のりは決して平たんではなかったけれど、田中さんのチームは地道に取り組んで結果を出すことができた。
効果はそれだけではなかった。

WIGセッションは、メンバー同士の学習の場となり、成功例や失敗例を共有した。

いい感じできたのに、オプションには難色を示されることが多いです。

皆さんなら、どうしますか？

説得力のあるデータを見せたらどうかな？

私はこういう資料が役立っているわ。

田中さんは、以前と比べると、より重要なことに時間を使えるようになった。

毎週行う短いミーティングのおかげで
忙しいのに何も達成できていなかった頃とはチームの成果も雰囲気もまるで変ったのだ。

「実行の4つの規律」の力

「実行の4つの規律」は、コンピューターのオペレーティング・システムです。インストールしたいプログラムは何でも実行できるパワフルなOSです。

劇的な変化

セミナーで「実行の4つの規律」を教えると、リーダーたちはたいてい、すでにやっていることばかりだと言います。目標、指標、スコアボード、ミーティングは、誰もがよく知っていることです。

しかし「実行の4つの規律」を実際に導入すると、そのリーダーたちが、チームの中で劇的な変化があったと報告してくれます。導入早々から、予測どおりの結果を出していると驚くのです。

多くのリーダーたちが経験してきた年間目標設定のプロセスは、一般的にはその年のマスタープランを作成することから始まり、多くの目標に焦点が当てられます。そして各目標を数ヵ月単位で区切り、年間計画を成功させるために完了しなければならないプロジェクトやタスクに分割します。

しかし、プランが進行するにつれて、徐々に曖昧になっていくことになります。ビジネスのニーズが変化するのを考慮していないから、プランが日に日に現実世界から離れていくのです。

ジャスト・イン・タイムのプラン

第4の規律では、チームは毎週、先行指標に従ってプランを策定します。すべきことを約束し、それに基づいてジャスト・イン・タイムのプランを立てるのです。月初めには予想もしていなかったプランになることもあり、年初に予想するなど無理な話です。先行指標にエネルギーを毎週注ぐことで、チームを目標に繰り返し結びつけるアカウンタビリティの形ができます。

戦略的に優れている目標でも、達成できないと思って投げ出してしまったら、行き着く先は一つです。竜巻の中に戻るしかありません。慣れ親しんだ場所に戻ってほっとするのです。こうなると、勝つためではなく負けない試合をすることがチームの目的となり、もはや大きな変化は望むことはできません。しかし「実行の４つの規律」は、勝つために試合をする組織をつくることを目的としています。

「実行の４つの規律」は、コンピューターのオペレーティング・システム

「実行の４つの規律」をコンピューターのオペレーティング・システムのようなものだと思ってください。インストールしたいプログラムは何でも実行できるパワフルなＯＳです。

実行したいタスクにＯＳが足りなければ、どれほど素晴らしいプログラムでもコンピューターは使えません。それと同様に、目標を実行するためのＯＳがなければ、どれほど素晴らしい戦略でも、一貫して効果を上げることは期待できません。

今年結果を出したからといって来年も結果を出せるとは限らないし、ましてそれを上回る結果を出せる保証などありません。「実行の４つの規律」は、チームや組織にインストールする目標を正確に、何度でも実行できるようにし、将来の大きな成功の基盤をつくるのです。

原則に基づく

「実行の４つの規律」がこれほどパワフルに機能する大きな理由の一つは、時代を超えた原則に基づいていることです。どんな環境でも、どんな組織でもうまく機能することは証明されています。

「実行の４つの規律」の原則は発明されたものではなく、すでにあった原則を発見し、体系化したものです。目標達成のために人の行動を変えることに、これらの同じ原則を使っている人は他にもいます。

「実行の４つの規律」の原則は、時代を超えた普遍的なもので、それはフランクリン・コヴィー社が多くの世界的な企業で試し、確認できた結論でもあります。

著者紹介

クリス・マチェズニー

フランクリン・コヴィー社のグローバル実行プラクティス・リーダー、「実行の4つの規律」の開発者のひとり。約10年前からフランクリン・コヴィー社で4DXの開発を主導し、世界各地で4DXのコンサルティングに携わり、何百もの組織に大きなインパクトを与え、目覚ましい成長をもたらした。

ショーン・コヴィー

フランクリン・コヴィー社のグローバル・ソリューション&パートナーシップ事業部エグゼクティブ・バイス・プレジデントとして、世界141カ国で展開する事業を統括している。フランクリン・コヴィー社のチーフ・プロダクト・アーキテクトとして4DXの初期の構想・開発チームを立ち上げて以来、4DXプロセスを精力的に推進している。

ジム・ヒューリング

フランクリン・コヴィー社のソリューション4DXのマネージング・コンサルタント。過去30年にわたり、「米国における働きがいのある企業トップ25」に入る企業のCEOをはじめ、フォーチュン500企業から株式非公開企業までリーダーを歴任してきた。

訳者紹介　フランクリン・コヴィー・ジャパン

フランクリン・コヴィー・ジャパンは、『完訳7つの習慣　人格主義の回復』の翻訳のほか、戦略実行、顧客ロイヤリティ、リーダーシップ、個人の効果性の分野において、コンサルティングおよびトレーニング・サービスを個人や法人に提供している。
フランクリン・コヴィー社は、世界46都市に展開するオフィスを通して、147ヵ国でプロフェッショナル・サービスを提供している。米国では顧客に『フォーチュン』誌が指定する最優良企業上位100社のうち90社、同じく500社の4分の3以上が名を連ねるほか、多数の中小企業や政府機関、教育機関も含まれている。

https://www.franklincovey.co.jp

キングベアー出版について

キングベアー出版は『The 7Habits of Highly Effective People』を日本に紹介するために1992年に立ち上げた出版ブランドである。2013年に『完訳7つの習慣 人格主義の回復』として出版した。

現在、キングベアー出版は、『7つの習慣』の著者であるスティーブン・R・コヴィー博士が創設した米国フランクリン・コヴィー社との独占契約により、コヴィー博士の著作である『第8の習慣』『原則中心リーダーシップ』『7つの習慣 最優先事項』や、フランクリン・コヴィー社のコンテンツである『実行の4つの規律』『5つの選択』などを出版している。

キングベアー出版は『7つの習慣』を核にして、その関連コンテンツ、さらに、リーダーシップ、組織、ビジネス、自己啓発、生き方、教育といったジャンルの、海外の優れた著作物に限定して翻訳し、「変革を目指す組織」や「より良い人生を送りたいと考える個人」を対象に出版している。

キングベアー出版の事業会社である株式会社FCEパブリッシングはFCEグループの一員である。

http://fce-publishing.co.jp

FCEグループについて

“働く”と“学ぶ”が抱える問題をビジネスで解決し続ける企業家集団。「ビジネスパーソンが自分自身の強みを発揮して、イキイキと働く世界の実現」「未来を担う子どもたちが、人生を自ら切り拓く力を身につける」というテーマに向かって、子どもたちから社会人まで、幅広く人財育成・教育領域でのビジネスを展開している。

事業内容は、国内1,300社が受講する管理職向け「7つの習慣® Business Ownership」研修と若手向け「7つの習慣® Next Leader」研修、実践を通して目標達成力を身に付けるトレーニング研修「xDrive」、全国500教室、2万人の子どもたちが受講するセルフリーダーシップ育成プログラム「7つの習慣J®」などを展開。その他、人材育成・研修事業、教育事業、RPA事業、外食事業など、幅広く展開している。

http://www.fce-group.jp

「7つの習慣」研修について

スティーブン・R・コヴィー博士が著した『7つの習慣』は書籍だけでなく、ワールドワイドでビジネスや教育の分野で研修プログラムとしても展開されている。

『7つの習慣』は組織においても有効である。厳密に言えば組織に「習慣」というものはなく、ノルマや行動規範のような組織文化、システム、プロセス、手順、これらが、組織の習慣となる。原則は組織の中で確実に作用しており、それが効果性を左右している。

そこで、企業とビジネス・パーソンを対象にした「7つの習慣」研修を開発・展開している。

また、コヴィー博士は、絆が強く幸福で効果的に営まれる家庭を築くことに『7つの習慣』の考え方を応用した『7つの習慣ファミリー』を著した。また、息子のショーンは、一〇代のニーズや関心事、問題に『7つの習慣』のフレームワークを当てはめた『7つの習慣 ティーンズ』を出版した。

「7つの習慣」は家庭や学校においても効果を発揮することは自明であり、学校・塾／子ども向けの「7つの習慣」研修を開発・展開している。

いずれも「7つの習慣」を熟知した講師による研修を受講することで、確実に「7つの習慣」を身につけることができ、ビジネスや教育分野においても大きな効果を発揮することができる。

企業／ビジネス・パーソン向け研修

研修名	効果	問い合わせ先
7つの習慣® SIGNATURE EDITION4.0	米国フォーチュン100社の90%、グローバル・フォーチュン500社の75%に導入され、147ヵ国で展開している。個々人がリーダーシップを発揮し、人間関係や組織でのシナジーを創り出す。	フランクリン・コヴィー・ジャパン株式会社 https://www.franklincovey.co.jp
7つの習慣® Business Ownership	「7つの習慣」の原理原則を企業で実践すると、組織はどう変わるのか？事業の成長スピード鈍化させない組織をつくるための、中小企業の経営者・リーダー向けの「7つの習慣」研修。	株式会社FCEトレーニング・カンパニー http://www.training-c.co.jp

学校・塾／子ども向け研修

研修名	効果	問い合わせ先
リーダー・イン・ミー	リーダー・イン・ミーは、子どもたち向けのプログラムではなく、教員・保護者の意識改革や学校の問題解決を目的とした学校改革プログラムである。リーダー・イン・ミーを導入することで、授業をより効果的に実施できるようになる。	フランクリン・コヴィー・ジャパン株式会社 http://www.edu-franklincovey.jp
7つの習慣J®	小・中・高・大学生向けの「7つの習慣」プログラムである。全国の学校や学習塾でアクティブラーナーを育成する。	株式会社FCEエデュケーション http://www.fc-education.co.jp

図解でわかる!
戦略実行読本
「実行の4つの規律」実践ワークブック

2023年8月31日　初版第三刷発行

著　者　クリス・マチェズニー
ショーン・コヴィー
ジム・ヒューリンク

編　者　フランクリン・コヴィー・ジャパン株式会社

発行者　石川淳悦

発行所　キングベアー出版
〒163-0810
東京都新宿区西新宿2-4-1 新宿NSビル10階
Tel : 03-3264-7403
URL : http://fce-publishing.co.jp

印刷・製本

ISBN 978-4-86394-027-7

当出版社からの書面による許可を受けずに、本書のなお用の全部または一部の複写、複製、転記載および磁気または光記録媒体への入力等、並びに研修等で使用すること（企業内で行う場合も含む）をいずれも禁じます。

Printed in Japan